지드래곤을읽다

일러두기

1. 책 제목은 《 》로, 영화와 노래 제목은 〈 〉로 표기하였습니다.
2. 각 키워드와 어울리는 노래를 BGM으로 수록하였습니다.
3. BGM의 제목과 가사는 앨범에 실린 것을 기준으로 하였습니다. 따라서 일반적인 띄어쓰기나 대·소문자의 표기 등을 따르지 않고 있습니다. 이 또한 음악적 요소라 판단하여 앨범에서 제시한 것을 기준으로 삼았습니다.
4. 가사와 악보는 '한국음악저작권협회(KOMCA)'에 저작권료를 지불하고 사용하였습니다.
5. 각 키워드와 어울리는 옛 지식인의 글을 찾아 인용하였습니다. 너무 긴 것은 '중략'하거나, 일부분을 가져왔습니다. 독자들의 이해를 돕기 위해 문장을 쉽게 다듬었습니다.
6. 옛 지식인의 인용문 끝에 지은이, 출전, 원제를 밝혔습니다.
   예) 이덕무 《청장관전서》 '간서치전(看書痴傳)'
7. 옛 지식인의 인용문은 '한국고전번역원'의 원문과 번역문을 참조하였습니다.

지드래곤을 읽다

발행일 2016년 1월 18일 (1판 1쇄)

지은이 유진
발행인 유현종

발행처 포럼
등 록 2003년 11월 27일 (제406-2012-000053호)
주 소 경기도 파주시 탄현면 새오리로 237
전 화 02-337-3767
팩 스 02-337-3731
이메일 eforum@korea.com

ⓒ 유진, 2016
ISBN 978-89-92409-99-5 (03810)

이 책은 저작권법에 따라 보호받는 저작물이므로 무단전재와 무단복제를 금하며,
이 책의 전부 또는 일부를 이용하려면 반드시 저작권자와 포럼의 서면동의를 받아야 합니다.

▌책값은 뒤표지에 있습니다.
▌잘못된 책은 바꾸어 드립니다.

▌이 도서의 국립중앙도서관 출판예정도서목록(CIP)은 서지정보유통지원시스템 홈페이지(http://seoji.nl.go.kr)와 국가자료공동목록시스템(http://www.nl.go.kr/kolisnet)에서 이용하실 수 있습니다.(CIP제어번호: CIP2015035216)

지드래곤을 읽다

유진

/CONTENTS

INTRO 지드래곤. 옛 지식인. 그리고 나.

01 **팬,** 사람을 꽃피우게 하는 존재 _BGM < V.I.P >

02 **패션,** 미남(美男)이시네요 _BGM < BUTTERFLY >

03 **친구,** 지드래곤은 나의 좋은 친구다 _BGM < OH MY FRIEND >

04 **음치(音痴),** 음악만 하는 바보 _BGM < 미치GO >

05 **서태지,** 서태지와 지드래곤 _BGM < ONE OF A KIND >

06 **사랑,** 나도 사랑하고 싶다 _BGM < LADY >

07 **두려움,** 두렵지만 두렵지 않다 _BGM < GOSSIP MAN >

08 **시간**, 지드래곤은 권지용에게 휴식을 허하라 _BGM < 하루하루 >

09 **공간**, 나는 또다시 콘서트장으로 향할 것이다 _BGM < HIGH HIGH >

10 **읽기**, 지드래곤 맛 빨대 _BGM < 삐딱하게 >

11 **쓰기**, 찌질함까지 드러내야 하는 창작의 고통 _BGM < LOSER >

12 **말하기**, 음악으로 말하는 타고난 수다쟁이 _BGM < 소년이여 >

13 **청춘**, 세상아 내 청춘을 돌려다오 _BGM < 어쩌란 말이냐? >

14 **다름**, 두려워 말아요 해치지 않아요 _BGM < GOOD BOY >

15 **꿈**, 직업이 꿈이냐? _BGM < KOREAN DREAM >

16 **유행**, 저물어 갈 때까지 붉게 타주오 _BGM < 붉은 노을 >

17 **초심**, 오늘보다 내일이 더 설레는 마음 _BGM < FANTASTIC BABY >

지드래곤. 옛 지식인. 그리고 나.

나는 지드래곤이 좋다. 《지드래곤을 읽다》는 소녀 팬이 지드래곤에게 보내는 아주 길고 공개적인 팬레터다. 지드래곤의 어디가 그렇게 좋은지, 어떤 부분에 홀딱 반했는지, 앞으로는 어떤 모습을 보여주었으면 하는지 썼다. 전하고 싶은 말이 어찌나 많은지 쓰고 쓰고 또 쓰다 보니 이렇게 책이 되었다. 이 책은 소녀 팬의 정성스러운 팬질이다.

《지드래곤을 읽다》는 17세 소녀가 17가지 키워드로 지드래곤을 읽어 나가는 이야기다. 키워드에는 '팬, 패션, 친구, 음치, 서태지, 사랑, 두려움, 시간, 공간, 읽기, 쓰기, 말하기, 청춘, 다름, 꿈, 유행, 초심'이 있다. 내가 관심 있고, 생각할수록 할 말이 많아지고, 더 알고 싶어지는 주제들을 뽑아 글을 썼다. 또 지드래곤을 생각하면서, 지드래곤의 노래를 들으면서 떠오르는 주제들을 뽑아 글을 썼다.

내 멋대로 지드래곤을 판단하고 왜곡하고 단정짓는 것이 아닐까, 걱정했다. 그래서 지드래곤의 인터뷰를 비롯한 다양한 정보를 수집하며 글을 썼다. 17가지 키워드가 지드래곤의 전부는 아니다. 때문에 지드래곤의 모든 것을 설명하고 있지 않다. 17가지 키워드는 지금 17세 청소년인 내가 지드래곤에게서 읽을 수 있고, 지드래곤을 통해 읽을 수 있는 키워드다. 17가지 키워드가 세상의 전부는 아니다. 때문에 세상의 모든 것을 설명하고 있지 않다. 17가지 키워드는 지금 17세 청소년인 나에게 중요한 키워드다. 이 책에서 다루지 못한 키워드는 훗날 내가 더 성장하고 성숙해졌을 때, 더 깊고 폭넓게 공부할 수 있을 것이라고 생각한다.

나는 학교를 다니지 않는 청소년이다. 초등학교를 졸업한 후 학교가 아닌 '작업실'로 향하고 있다. 학교도 아니고 집도 아닌 '작업실'에서 부모님은 일을 하시고, 나는 공부를 한다. 부모님과 함께 '10년 프로젝트(2012~2021)'를 진행하고 있다. 학교를 다니지 않으니 홈스쿨링이라고 할 수도 있겠지만, 선행학습을 하지도 않고 검정고시를 준비하지도 않는다. 바뀔 수도 있지만, 지금으로선 초졸 학력으로 계속 살아갈 듯하다.

나는 주로 '읽기·쓰기·말하기'를 공부한다. '읽기'는 독서만을 뜻하지 않는다. '쓰기'는 수험용 논술을 대비한다는 얘기가 아니다. 방정맞은 입방아를 '말하기'라고 할 수 없다. '읽기'는 자신을 둘러싼 세상을 읽는 일이다. '쓰기'는 자신이 본 세상, 생각해본 주제를 기록하고 표현하는 일이다. '말하기'는 자신의 감정과 생각을 다른 이에게 전하는 일이다. 나는 이런 공부를 한다. 읽고 쓰며 말한다.

나는 작가가 아니다. 《지드래곤을 읽다》는 작가 수업을 받으면서 쓴 책이 아니라, 나의 '쓰기' 공부 중 하나다. 내가 본 세상, 생각해본 주제를 기록하고 표현하는 공부다. 글, 그림, 음악, 영상 등 '쓰기'할 수 있는 다양한 방법들 중에 글쓰기를 선택한 것이다. 물론 나의 글이 책으로 나오면 어떨지 상상은 해봤지만, 정말 책이 될 줄은 몰랐다. 그래서 아직도 좀 당황스럽고, 떨린다. 독자들을 생각하면 심장이 쿵쾅거린다.

나는 '10년 프로젝트'를 시작한 후, 한동안 조선시대 인물을 중심으로 옛 지식인들의 글을 읽는 재미에 푹 빠져서 놀았다. 박지원, 이이, 최한기 등 옛 지식인들을 글로 만났다. 내가 '인생이란 무엇입니까' '공부는 어떻게 해야 잘 됩니까' '어떻게 놀아야 잘 논다고 소문이 날까요' 질문하면 옛 지식인들은 기꺼이 스승이 되어 주었다. 직접적으로 답을 제시하기도 하고, 간접적으로 답의 실마리를 주기도 하며 나의 물음에 답해 주었다.

　세상은 복잡하고, 또 재미있다. 그래서 공부할 것도 많다. 교육, 정치 같은 학문적인 주제부터 사랑, 두려움 같은 감정적인 주제까지 배워야 할 것은 끝이 없다. 옛 지식인들은 나의 스승이자, 청소년인 내가 세상을 알아가는 창구다.

　지드래곤 또한 나에게는 세상을 알아가는 창구다. 빅뱅 멤버들을 보면서 친구란 무엇인지, 노래를 들으면서 사랑이란 무엇인지, 경험이 쌓일수록 멋져지는 지드래곤의 모습에서 성장은 무엇이고 꿈이란 무엇인지 알아가게 되었다. 그의 패션, 무대, 인터뷰를 보며 지드래곤은 세상이 자신을 어떻게 바라봐주길 원하는지 읽었다. 그리고 세상은 지드래곤을 어떻게 바라보는지 생각했다. 이 책은 17세 소녀의 지드래곤을 향한 대책 없는 찬양이 아니라, 지드래곤을 통해 세상을 읽어 나가는 이야기다.

　《지드래곤을 읽다》는 옛 지식인과 지드래곤을 만나게 하는 이야기다. 내가 좋아하는 사람들끼리 친하게 지냈으면 하는 마음에, 만남을 주선하는 이야기다. 나는 지드래곤의 음악을 들으며 옛 지식인의 글을 떠올렸고, 옛 지식인의 글을 공부하며 지드래곤의 음악을 떠올렸다. 지드래곤에게 보여주고 싶은 옛 지식인의 글이 있었고, 옛 지식인에게 들려주고 싶은 지드래곤의 음악이 있었다.

　이 책은 17가지 키워드를 다룬다. 각 키워드마다 옛 지식인의 글이 인용되고, 지드래곤의 노래가 추천된다. 지드래곤의 노래들 중 키워드를 대변하거나, 설명해 주는 곡을 선정했다. 예를 들면, '친구'에는 〈OH MY FRIEND〉가 BGM이다. 처음에는 갸우뚱하게 되는 곡들도 있다. 예를 들면, '초심'에는 〈FANTASTIC BABY〉가 BGM이다. 키워드와 어울리지 않는 듯한 노래가 선정된 이유를 찾아가는 것도 이 책을 재밌게 읽는 방법이 될 듯하다. 어떤 BGM은 제목만 차용했고, 또 어떤 BGM은 주문제작을 한 것처럼 제목부터 가사까지 키워드와 궁합이 잘 맞는다.

　옛 지식인의 글은 '한국고전번역원'과 다양한 책을 통해 공부할 수 있었다. '한국고전번역원'은 많은 분들의 노력으로 훌륭한 자료들이 잘 정리되어 있는 곳이다. 덕분에 나는 옛 지식인의 글을 접할 수 있었다. 하지만 혼자서 공부하기엔 쉽지 않아서, 부모님과 함께했다. 《지드래곤을 읽다》에서 소개하고 있는 옛 지식인의 글은 부모님과 함께 자세하게 논의하고 토론해서 신중하게 선정했다. 특히 한자, 한문으로 된 원문을 해석하고 읽기 쉽게 만드는 일은 엄마의 도움을 받아 공부하며 작업했다.

《지드래곤을 읽다》는 지드래곤에 대한 이야기이기도 하지만, 옛 지식인에 대한 이야기이기도 하다. 지드래곤을 좋아한다면, 옛 지식인도 좋아하게 될 것이다.

나는 내가 이해한 만큼만, 내가 소화한 만큼만 썼다. '완벽한 소화'였느냐고 물으면, 객관적으로 답할 수는 없다. 자기 자신을 이야기하는 것은 어디까지나 주관적일 수밖에 없다. 그래도 답을 한다면, '저는 제가 안다는 것을 압니다.' 동시에 '저는 제가 모른다는 것을 압니다.'라고 말할 것이다. 이 책의 이야기는 모두 나의 이야기다. 쉼표 하나까지 모두 나의 것이다. 내 것임을 주장하는 것이 아니라, 내 것임에 기뻐하는 것이다.

《지드래곤을 읽다》는 나에게 아주 커다란, 아주 재밌는 공부였다. 이 책의 모든 과정에 내가 있었다. 기획과 집필뿐만 아니라 표지와 내지 디자인까지 직접 했다. 편집, 제작 등의 과정에 모두 참여했다. 글은 글자만 끼적인다고 써지는 것이 아님을 배웠다. 책은 글만 쓴다고 만들어지는 것이 아님을 배웠다. 세상을 읽어야 하고, 독자들을 생각해야 하고, 끊임없이 공부해야 하고, 나의 부족함을 인정해야 하고, 동시에 스스로를 믿어야 한다는 것을 배웠다. 어려웠다.

힘겹기도 했다. 딱 그만큼 배운 듯하다. 하고 싶은 공부를 할 수 있는 나는 행운아다.

《지드래곤을 읽다》는 나에게 좋은 선물이다. 소중한 공부였고, 재밌는 경험이었다. 《지드래곤을 읽다》가 지드래곤에게도 좋은 선물이 되었으면 한다. 지드래곤은 최고의 아티스트고, 잘나가는 톱스타다. 그를 따라다니는 소문과 기사는 항상 넘쳐난다. 그런데 그의 이야기를 하는 책은 보지 못했다. 지드래곤을 관심 어린 눈길로 바라보고, 때로는 주관적으로 좋아하고, 때로는 객관적으로 분석하는 책은 보지 못했다. 이 책이 지드래곤에게 좋은 선물이었으면 한다. 나는 지드래곤의 팬이라서 《지드래곤을 읽다》를 썼다. 지금껏 이런 팬질을 본 적이 없다. 소녀 팬이 보내는 아주 길고 공개적인 팬레터를 읽고, 지드래곤이 미소지었으면 좋겠다.

책으로 공개적인 팬질을 하는 나의 방식이 꽤 괜찮다고 생각한다. 그렇다고 모든 팬들이 책을 만들어서 팬질을 할 수는 없다. 그럴 필요도 없다. 나는 지드래곤을 좋아하는 다양한 팬들의 다양한 팬질 방식을 모두 존중한다. 가수를 괴롭히는 사생팬이나 가수를 망신시키는 못 배워먹은 경우를 제외하고.

나는 지드래곤의 팬이자 빅뱅의 팬이지만, 비공식 VIP(빅뱅의 팬클럽)다. 그래도 각종 시상식에서 영향을 끼치는 투표는 열심히 하는 VIP다. 비공식이지만 내가 팬이라고 말하는 것은 지드래곤의 음악을 좋아하기 때문이다. 빅뱅 데뷔 앨범부터 한 곡도 빠뜨리지 않고 들었고, 매일 이어폰을 꽂고 어깨를 들썩인다. 지드래곤을 쫓아다니지도 않고, 한 번도 콘서트장에 가보지는 못했지만, 일상으로 열심히 팬질을 하고 있다. 공식과 비공식을 떠나 빅뱅을 좋아하고 지드래곤을 좋아한다면 그들은 모두 팬이다. 나도 팬이다. 팬클럽 회장은 아니지만, 공개적인 팬질을 담은 이 책으로 팬들의 마음을 조금은 대변할 수 있을 것이라고 생각한다. 조금은 공감할 수 있을 것이라고 생각한다.

  팬들은 할 짓이 없어서 팬질을 하는 것이 아님을 알리고 싶었다. 지드래곤을 통해 어떤 행복을 얻게 되는지 말하고 싶었다. 보통 어른들이 말씀하시듯 철이 없어서 연예인을 좋아하는 것일지도 모른다. 20년 30년 후까지 지드래곤을 좋아할 수도 있고, 좋아하지 않을 수도 있다. 하지만 지금 내가 지드래곤을 좋아한다는 사실이 더 중요하다. '오늘' 중요한 것은 '오늘'의 마음이다. 오늘 나는 지드래곤이 좋다.

  《지드래곤을 읽다》는 17세 소녀가 17가지 키워드로 지드래곤을 읽고, 세상을 읽는 이야기다. 지드래곤을 통해 세상을 읽고, 세상을 통해 지드래곤을 읽는 이야기다.

《지드래곤을 읽다》는 감사한 분들이 많은 책이다.

먼저, 음악을 들려준 지드래곤에게 감사하다. 스승이 되어 주신 옛 지식인들께 감사하고, '읽기·쓰기·말하기'를 공부할 수 있도록, 그리고 집필과 출판을 경험할 수 있도록 도와 주신 부모님께 감사드린다. 마지막으로 글을 읽어 주실 여러분들께 떨리는 마음으로 미리 인사를 전한다. 감사드린다. 부디 끝까지 읽게 되는 책이었으면 좋겠다. 읽고 난 후 슬며시 미소짓게 되는 책이었으면 좋겠다.

2015년 겨울
빅뱅의 〈WE LIKE 2 PARTY〉를 들으며

유진

《지드래곤을 읽다》는
17세 소녀가 17가지 키워드로
지드래곤을 읽어 나가는 이야기다.

키워드에는
'팬, 패션, 친구, 음치, 서태지, 사랑, 두려움,
시간, 공간, 읽기, 쓰기, 말하기, 청춘, 다름, 꿈,
유행, 초심'이 있다.

01

팬,
사람을 꽃피우게 하는 존재

팬은 연예인에게만 필요한 존재가 아니다.
진심으로 좋아해 주고, 응원하며, 기다려 주는 사람은 일반인에게도 필요하다.
사람이라면 누구나 팬이 필요하다.
내가 열렬하게 좋아하는 사람이 있어야 하고, 나를 열렬하게 좋아해 주는 사람도 있어야 한다.

"내가 너를 그렇게 좋아해?" 나는 지드래곤의 팬이다. 일종의 팬래터인 글을 책 한 권 분량으로 쓰는 소녀 팬이다. 글을 쓰면서 내가 지드래곤을 이렇게까지 좋아했던가, 싶었다. 말 한마디 나눈 적 없는 사람을 이렇게까지 좋아해도 되는지 고민했다. 내가 아이돌을 꿈꾸며 지드래곤을 우상으로 삼고 있는 것도 아닌데 말이다. 열렬히 좋아하고 열심히 팬질해서 내가 얻는 것은 무엇인지 생각해 보았다.

근데 생각할수록 나는 지드래곤이 좋다. 이 글을 쓰면서 더 좋아지고 있다. 지드래곤의 노래를 호흡, 애드리브까지 외울 정도로 듣는다. 테이프로 음악을 듣는 시절이 아니라서, 테이프가 다 늘어질 정도로 들었다는 감성적이고 그럴 듯한 썰을 풀지 못하는 것이 안타까울 따름이다. 데뷔 무대부터 지금까지 출연해온 방송, 최근의 무대까지 영상을 계속 돌려본다. 볼수록 좋다. 웃음이 비실비실 새어 나온다. 이미 반복해서 들은 횟

수를 셀 수도 없는 노래인데, 또 눈물이 나온다. 나는 지드래곤의 음악을 좋아한다. 지드래곤을 열렬히 좋아하고 열심히 팬질함으로써 지드래곤의 음악을 얻는다. 음악으로 휴식을 얻고, 웃음을 얻고, 힘을 얻는다. 지드래곤의 음악을 얻기 위해 나는 좋아하는 마음을 식히지 않는다.

지드래곤은 "아직 어떤 정답을 딱 찾았다고 말하기 어렵지만, 빅뱅이기에 할 수 있는 것들을 이제야 조금 찾은 것 같아요. 우리가 즐기고 재미있는 음악을 해야 팬들이 좋아해 주시는 것 같아요. 서로를 가장 잘 알고 있는 빅뱅이, 빅뱅의 음악을 만들기에 진정한 공감이 되지 않을까요."라고 말했다. 인터뷰를 보면서 어쩜 내 마음을 이렇게 잘 알고 있나, 싶었다. 예전에는 '음악으로 소통'한다는 말이 그렇게 오글거릴 수가 없었다. 그냥 좋으면 좋은 것이지, 의무사항을 덧붙이는 것 같아서 싫었다. 변화는 지드래곤을 열렬히 좋아하면서부터였다. 누군가를 이렇게까지 좋아하려면 '공감'이 필요하고, 음악이 그 역할을 한다는 것을 깨달았다. 빅뱅이 스스로 즐기는 빅뱅만의 음악을 들려줄수록 나의 팬심이 커진다. 사적으론 말 한 마디 나눈 적 없을지라도 음악으로 소통한다.

사실 연예인과 팬만큼 요상한 관계도 없다. 어떻게 보면 굉장히 일방적인 사랑이다. 그래서 팬들 사이에선 '현타(현실 자각 타임)'라는 단어가 사용된다. 사건 사고를 마주하거나, 연애 소식을 듣거나, 탈퇴 혹은 싸웠다는 이야기가 나오면 나의 절대적인 존재도 결국 사람일 뿐이라는 자각을 하게 된다는 것이다. 혹은 활동이 뜸하거나 연예인이 팬 관리를 소홀히 한다고 느낄 때 팬들은 '현타'가 온다. "아, 저 사람은 나를 모르는구나." 팬은 스스로가 우스워 보일 때 팬질을 그만둔다.

현타가 온 팬들이 떠나는 것을 막기 위해 다양한 장치가 동원된다. 그 중 첫 번째가 팬들에게 이름을 주는 것이다. 빅뱅의 팬은 'VIP'라는 이름을 가졌다. 이름은 팬에게 소속감을 느끼게 하고, 정체성을 찾아준다. 누가 처음 시작한 일인지는 아무리 인터넷을 뒤져도 모르겠으나, 기가 막힌 아이디어다. 장삿속이라는 말이 아니라, 연예인과 팬의 관계를 돈독히 할 수 있어서 좋다는 뜻이다.

'VIP'라는 이름이 생기면서 빅뱅은 팬의 부름을 듣고 뒤돌아볼 뿐만 아니라, 자신들이 팬을 부르고 말을 걸 수도 있게 되었다. '내가 그의 이름을 불러 주었을 때 / 그는 나에게로 와서 꽃이 되었다.' 김춘수의 시처럼 VIP가 빅뱅을 불러 주었을 때 빅뱅은 꽃처럼 활짝 피어난다. 빅뱅이 VIP를 불러 주었을 때 VIP는 꽃처럼 활짝 피어난다.

빅뱅과 VIP는 서로 꼭 필요한 존재다. 얼핏 보면 일방적인 사랑 같지만, 연예인과 팬은 서로를 필요로 한다. 서로의 이름을 불러 주며 꽃처럼 활짝 피어나게 한다.

만약 나를 알아주는 진정한 친구를 얻는다면, 나는 꼭 뽕나무를 심어 10년을 가꾸겠다. 1년 동안 누에를 길러, 내 손으로 직접 오색실을 물들이겠다. 10일에 한 가지 색을 물들인다면 50일이면 다섯 가지 색을 완성할 수 있다. 따뜻한 봄날 햇볕에 오색실을 잘 말려, 아내에게 부탁해 내 친구의 얼굴을 수놓게 하겠다. 수놓은 친구의 얼굴을 고운 비단으로 장식하고 귀한 옥으로 축(軸)을 끼워 두루마리를 만들겠다. 이것을 높은 산과 흐르는 물이 있는 풍광 좋은 곳이면 어디든 걸어 놓고 말없이 마주 보다가, 어스름 저녁에 그윽한 마음을 품고 돌아오겠다.

아름다운 친구가 있는데도 그를 오래도록 머물게 하지 못하는 것은 안타까운 일이다. 친구가 찾아오길 기다리는 것은 꽃이 꽃가루를 옮기는 나비의 날갯짓을 기다리는 것과 같다. 꽃은 나비가 너무 느릿느릿 오는 것 같고, 짧게 머물면 실망하고 슬퍼하며, 가버리면 잊지 못해 연연해한다.

마음에 맞는 때에, 마음에 맞는 친구를 만나, 마음에 맞는 말을 나누며, 마음에 맞는 시문(詩文)을 읽으면, 이것이 최고의 즐거움이다. 그러나 이것은 지극히 드물어서 일생 동안 겨우 몇 번 허락되는 기회일 뿐이다.

-이덕무 《청장관전서》 '선귤당농소(蟬橘堂濃笑)'

이덕무가 친구의 소중함에 대해 쓴 글이다. 조선 후기의 학자인 이덕무는 친구와 함께하는 시간을 소중하게 여겼다. 자신의 마음을 꽃의 심정에 빗대었다. 이덕무는 정말 꽃처럼 아름다운 글을 썼다. 그의 친구가 부러워진다.

친구를 향한 이덕무의 마음은 빅뱅을 향한 VIP의 마음과 같다. 이덕무는 친구를 향한 자신의 마음을 나비를 향한 꽃의 마음으로 표현한다. 나비가 너무 느릿느릿 오는 듯하고, 짧게 머물다 날아가면 슬퍼하며 잊지 못하는 마음과 같다고 말

친구를 향한 이덕무의 마음은 빅뱅을 향한 VIP의 마음과 같다.
이덕무는 친구를 향한 자신의 마음을
나비를 향한 꽃의 마음으로 표현한다.

나비가 너무 느릿느릿 오는 듯하고,
짧게 머물다 날아가면 슬퍼하며 잊지 못하는 마음과 같다고 말한다.
빅뱅이 신규 앨범으로 컴백하면 너무 늦게 온 듯하고,
활동이 끝나면 그렇게 안타까울 수가 없는 VIP의 마음과 같다.

이덕무는 진정한 친구를 얻는다면
친구의 얼굴을 수놓아서 잘 보이는 곳에 걸어 두겠다고 말한다.
VIP들이 빅뱅의 사진으로 방을 도배하는 것과 같다.
보기만 해도 좋고, 말하면 더 좋고, 노래하면 행복한 마음과 같다.
팬들에게 빅뱅은 소중한 친구, 소중한 가수, 소중한 존재다.

한다. 빅뱅이 신규 앨범으로 컴백하면 너무 늦게 온 듯하고, 활동이 끝나면 그렇게 안타까울 수가 없는 VIP의 마음과 같다. 이덕무는 진정한 친구를 얻는다면 친구의 얼굴을 수놓아서 잘 보이는 곳에 걸어 두겠다고 말한다. VIP들이 빅뱅의 사진으로 방을 도배하는 것과 같다. 보기만 해도 좋고, 말하면 더 좋고, 노래하면 행복한 마음과 같다. 팬들에게 빅뱅은 소중한 친구, 소중한 가수, 소중한 존재다.

그리고 보니, 이덕무는 팬질에 소질을 보이는 듯하다. 친구의 소중함에 대해 쓴 글이지만, 팬의 마음을 대변하고 있다. 팬의 마음을 깊이 헤아리고 있는 옛 지식인이다.

이덕무는 마음에 맞는 때에, 마음 맞는 친구를 만나, 마음에 맞는 말을 나누며, 마음에 맞는 시문을 읽는 것이 최상의 즐거움이라고 했다. 그러나 이런 기회는 드물기 때문에 일생을 통틀어도 몇 번 경험하지 못한다고 덧붙였다. 나는 가수 이선희의 팬이지만, 1999년생인 나와 1984년에 데뷔한 이선희는 때를 맞추지 못했다. 마음에 맞는 때에 만나지 못했다. 물론 이선희를 향한 나의 팬질은 멈출 생각이 없다. 노래를 계속 들을 것이고, 은퇴하지 않고 평생 무대에 머물기를 기도할 것이다. 하지만 가수 이선희의 청춘을 나의 청춘과 함께 했다면 지금보다 더 열렬히 좋아할 수 있었을 것이라는 아쉬움을 감출 수 없다.

나는 이선희와 때를 맞추지 못한 대신, 지드래곤과 때를 맞췄다. 이선희의 언니부대가 되지 못한 대신, 빅뱅의 VIP가 되었다. 일생을 통틀어도 몇 번 경험하지 못할, 몇 명 만나지 못할 사람을 만났다. 지금이 지드래곤의 청춘을 나의 청춘과 함께 할 수 있는 '마음에 맞는 때'이다. 마음에 맞는 때에, 나의 취향을 저격하는 지드래곤을 만나, 음악으로 소통하고, 그의 앨범을 즐기면, 이것이 최상의 즐거움이다. 최상의 즐거움을 만끽하는 나는 지드래곤의 팬이다. 나에게 지드래곤은 드문 기회로 만나 더 열렬히 좋아하게 된 가수다.

나에게 지드래곤만큼 열렬히 좋아하는 시인이 있으면 좋겠다. 지드래곤의 노래를 들어도 또 듣고 싶듯이, 봐도 또 보고 싶은 그림을 만나 그 화가의 열렬한 팬이고 싶다. 누군가를 열렬히 좋아하는 것만큼 커다란 즐거움은 없다. 지드래곤 한 명만 열렬히 좋아해도, 그의 음악만 들어도 나는 이렇게 행복하다. 지드래곤만큼 열렬히 좋아할 수 있는 사람들이 더 있다면, 그보다 아름다운 삶은 없을 것이다. 누군가를 열렬히 좋아하는 것만큼 커다란 즐거움은 없다. 나는 그 즐거움을 좀 더 많은 친구와 좀 더 많은 말을 나누며 좀 더 오랫동안 만끽하고 싶다.

팬은 연예인에게 미쳐있는 사람이 아니다. 할 짓이 없어서 호구 짓이나 하고 자빠진 사람이 아니다. 팬은 누군가를 열렬히 좋아하는 사람이다. 시대의 행운으로 때가 맞아, 마음에 맞는 사람을 만나, 작품으로 소통하며 행복해하는 사람이다. 팬은 언제나 응원해 주는 존재, 가장 부담이 되기도 하는 존재다. 연예인은 그 '팬심'을 극대화시키기 위해 '멋짐'을 극대화시키는 사람들이다. 조금은 인위적이고 화려하다 못해 때론 부자연스러워 보이기도 하는 이유다. 과장된 '멋짐'을 소화할 줄 아는 사람이 스타이고, 나에게는 지드래곤이다. 나는 지드래곤을 응원하고, 더 좋은 앨범을 기다리겠다며 부담을 주는 '팬'이다.

팬은 연예인에게만 필요한 존재가 아니다. 진심으로 좋아해 주고, 응원하며, 기다려 주는 사람은 일반인에게도 필요하다.

사람이라면 누구나 팬이 필요하다. 내가 열렬하게 좋아하는 사람이 있어야 하고, 나를 열렬하게 좋아해 주는 사람도 있어야 한다. '너'가 없으면 '나'가 '나'라는 것을 확신할 수 없다. 세상에 홀로 있으면 '나'의 존재를 확인할 수 없다. 생존하고 있는지, 성장하고 있는지, 존재할 가치가 있는지 알 수 없다. 팬은 나의 존재를 확인시켜 주는 사람이다. 사람은 팬의 기대에 부응하기 위해 노력하면서 성장한다. 그래서 모든 사람의 첫 번째 팬은 부모님일 수도 있고, 가장 친한 친구일 수도 있다.

나에게도 팬이 있었으면 좋겠다. 응원하고 싶은 사람이고 싶다. 내가 어떤 일을 하면서 살아가든, 나를 열렬하게 좋아해 주는 팬이 있었으면 한다. 나를 꽃피우게 하는 존재가 곁에 있기를 바란다. 그럴만한 자격을 갖추고 싶다.

지드래곤은 열광할만한 음악을 만드는 아티스트다. 지드래곤은 열렬히 좋아해 주는 팬들이 많은 아티스트다. 빅뱅은 VIP를 꽃피우고, VIP는 빅뱅을 꽃피운다. 지드래곤은 팬들이 있어서 행복하고, 팬들은 지드래곤이 있어서 행복하다.

정말 행복하다. 나는 지드래곤의 팬이다. 빅뱅의 〈V. I. P〉다.

〈 V.I.P 〉

ye ye ye ye welcome to the fantastic world can yo feel that ah~ ha
ye ye ye ye whoo keep it real
it's da fresh the fresh yes 바로 내 muzic like like like the superman 나와 마주친
사람들은 말해 내가 꼭두각시래 니가 뭘 알어? 난 달라졌어 똑바로 봐 man
i can't stop 이제 난 혼자가 아니요 내 뒤엔 믿고 의지하는 ma fam (big bang)
thank you 두려울게 없어 i'm buckwild (G.D) 구름을 가르고 다가왔어

말 많은 자들아 나를봐 피가 마른다 누굴위해 나 이렇게 노력을 하는가
이것은 6년동안 준비한 음반 내 모든걸 걸었으니 다 한번 들어봐
keep going keep going keep going (whooo) 후회따윈 버려 네 귀를 즐겁게 해줄께
느끼는 대로만 해 뒤는 내가 봐줄께 소리쳐봐 (hey) big bang!

big bang b.i.g big bang v.i.p 너도 이젠 be famous b.i.g big bang
let's get it on boy we are V.I.P!
we are V.I.P we are V.I.P who's the V.I.P (rap in the V.I.P)
we are V.I.P we are V.I.P who's the V.I.P (g.d is V.I.P)
we are V.I.P we are V.I.P who's the V.I.P (y.g V.I.P)
we are V.I.P rock the M.I.C who's the V.I.P (let's go T.O.P)

hellow ma fellas 뒤죽박죽한 모양새를 보니 딱 볼거없는듯한
이 rap게임의 반전을 가져올게 좀 루즈해? 기다려 2nd round i'm TOP
(he's like a fire)
내 눈에비친 그댄 좀 지친 듯해 좀 nasty하게 놀아봐 crazy하게도 uh!
좀 더 볼륨을 올려 터진 스피커 날 믿어 우주의 대 폭발 시작됐잖아

건들면 사나운 style boys 얼음처럼 차가운 style boys 여자들이 반하는 style boys
맘을 열고 그대로 받아들여 u know wut i'm saaaayyyyiiiiin?!
비켜 힘껏 freak out(whoo!) 승리의 깃발을 들어봐 다 치켜올려
hey lady (what?) hey felllas (um!)
put your hands in the air everybody drop Big bang!

b.i.g big bang V.I.P 너도 이젠 be famous b.i.g big bang
let's get it on boy we are V.I.P!
we are V.I.P we are V.I.P who's the V.I.P (승리 is V.I.P)
we are V.I.P we are V.I.P who's the V.I.P (대성 V.I.P)
we are V.I.P we are V.I.P who's the V.I.P (태양 is vip)
we are V.I.P rock the M.I.C who's the V.I.P (bigbang is V.I.P)

Ye that's it u wanna some more I ike this? ay man u wanna battle with me?
it's like that ya'll put yo hands up it's like thatya'll say wut~~? bigbang is V.I.P

02

패션,
미남(美男)이시네요

지드래곤은 신곡을 들고 나올 때마다 노래에 맞춰 다양한 콘셉트를 소화한다. 앙드레김처럼 똑같은 디자인의 옷만 입는 것도 아닌데 그의 패션세계가 뚜렷하다고 말하는 이유는 하나다. 어떤 옷을 입어도 '지드래곤'으로 보이기 때문이다.

뭐가 그렇게 유니크하고 엘레강스한지는 잘 모르겠다. 지드래곤은 외모에 엄청 신경 쓴다. 샤넬같은 유명 명품 브랜드들에서 이례적인 협찬을 받고, 패션쇼에 초청되고, 세계적인 패셔니스타로 인정받는다는 뉴스를 보면 팬으로서 묘한 자랑스러움에 휩싸이지만 여전히 그의 패션세계는 잘 모르겠다. 나는 무대에서 얼굴을 가리는 모자, 흡사 미역처럼 보이는 실험적 헤어스타일을 패션으로 이해하고 받아들이기엔 패션을 너무 모르거나, 지드래곤을 너무 좋아한다. 무대를 보며 환호하는 것을 넘어서 그의 얼굴을 감상하고 싶은 마음까지 일어나는 탓이다.

패션잡지 기자가 아닌 나로서는 아이템 하나하나를 분석할 능력이 없다. 일반인의 눈으로 알 수 있는 것은 딱 하나다. 연예인이니 당연하다고 말하기엔 지드래곤만의 패션세계가 너무나도 뚜렷하다는 것이다.

빅뱅이 속한 YG에 수많은 스타일리스트가 있음을 쉽게 예상할 수 있는데도, 지드래곤은 스스로 스타일링(styling)해서 꾸민 모습이라는 생각이 들게 만든다. 연예인은 많지만 모두가 패션 아이콘은 아니다. 옷을 입었을 때 예쁜 연예인은 많고 옷을 잘 입는다고 평가받는 연예인도 많지만, 딱 봐도 누군지 알 것 같은 사람은 별로 없다.

지드래곤은 신곡을 들고 나올 때마다 노래에 맞춰 다양한 콘셉트를 소화한다. 앙드레김처럼 똑같은 디자인의 옷만 입는 것도 아닌데 그의 패션세계가 뚜렷하다고 말하는 이유는 하나다. 어떤 옷을 입어도 '지드래곤'으로 보이기 때문이다. 다양한 노래에 맞춘 다양한 콘셉트의 의상을 소화하는 그의 모습은 매번 낯설지만, 멋있다. 얼굴이 잘 보이지 않는 모자를 썼다며 툴툴거리다가도 '속을 알 수 없는 남자' 콘셉트의 무대를 보고난 후에는 그 모자가 신의 한 수였다는 것을 부정할 수 없게 만든다.

지드래곤에게 패션은 단순한 허영심이나 돈자랑이 아니다. 지드래곤에게 패션은 노래를 대중들의 가슴 속 깊이 파고들게 만드는 하나의 장치다. 귀로 듣고 상상하는 것을 넘어 무대로 구현된 것을 보여줌으로써, 박자 하나하나까지 음미할 수 있도록 돕는 것이다. 무대는 여운이 긴 음악을 위한 노력이고, 패션은 아름다운 무대를 위한 노력이다.

   '공(恭, 공손함)'은 용모의 중요한 원칙이다. 내가 공부하는 서재의 이름을 공재(恭齋)로 지은 것은 용모를 공손히 하고 싶기 때문이다. 천하의 도(道)는 가까운 것에서부터 시작된다. 나에게는 용모보다 가까운 것은 없고, 용모가 아름답기 위해서는 공손함보다 더 좋은 것은 없다. 이것이 바로 내가 '공(恭)'을 따르려는 까닭이다.

   옛 사람의 말씀을 살펴보면 이런 이치를 잘 알 수 있다. 공자가 말하길 "집에서도 늘 공손해야 한다." 하였고, 또 "용모를 공손히 하려고 생각해야 한다." 하였다. 한편 공자가 순임금을 칭송하길 "자기 자신을 공손히 하였다." 하였다. 그런가 하면 공자의 제자가 공자를 칭송하길 "공손하고 검소하고 겸손하였다." 하였고, 또 "공손한 것이 편안하고 자연스러웠다." 하였다. 이렇게 보면, 공손함보다 더 아름다운 것은 결코 없다.

                                    -조익 《포저집》 '공재설(恭齋說)'

조선 후기의 문신인 조익이 쓴 글이다. 자신이 공부하는 서재의 이름 '공재'를 설명하고 있다. 조익은 용모를 공손히 하는 것이 공부의 시작이라고 말한다.

공손함은 고개를 숙이라는 뜻이 아니다. 옛 사람들은 겸손함과 공손함을 중요하게 여겼지만, 딱딱하고 일방적이지는 않았다. 공손하기 위해서는 자신의 학문이 멋지고 당당해야 했다. 고개부터 푹 숙이거나 자존심을 굽히는 것이 아니라, 누구와 마주쳐도 당당하고 자신만의 영역이 뚜렷해야만 진정으로 공손할 수 있었다. '공손함'은 '자존감'이었던 것이다. 용모를 갖추는 것이 공부의 시작이라는 말은, 공부를 하면 용모에서 드러난다는 뜻이다.

조익과 지드래곤 두 사람 모두 외모에 엄청 신경 쓴다. 조익이 자신만의 학문을 세우고 '공손함'으로 스타일링을 하듯이, 지드래곤은 자신만의 음악을 만들고 '자신감'으로 스타일링을 한다. 조익과 지드래곤 두 사람 모두 '자신만의 것'에 집중한다. 시대마다 허용되는 모습이 다르고 사람들이 열광하는 지점이 달라서 스타일링이 같지 않을 뿐이다. 조익은 공손해야 공부를 할 수 있고 공부를 해야 공손해질 수 있다는 것을 알고 있었다. 지드래곤은 자신감이 넘쳐야 음악을 할 수 있고 음악을 해야 자신감이 생긴다는 것을 알고 있다.

지드래곤은 넘쳐나는 자신감으로 음악을 시작했다. 대중들의 비난과 좋은 결과물에 대한 강박을 가질수록 사라져 갔던 자신감은 음악으로 다시 채워졌다. 외모만을 집착해서 가꾸는 것이 아니라, 음악에 빠져서 즐거우면 자신감이 외모에 드러났다. 자신감이 드러난 얼굴은 어떤 표정을 지어도 잘생겨 보였다.

지드래곤은 거울만 들여다본다고 멋져 보이지 않는다는 것을 잘 알고 있다. 그래서 음악을 게을리하지 않는다. 지드래곤은 반쯤 정신이 나간 괴짜처럼 음악에만 빠져 있다고 멋져 보이지 않는다는 것을 잘 알고 있다. 그래서 패션으로 표현하는 것이다. 그는 자신감을 표출하고 표현하는 방식으로 패션을 택했다.

"패션은 저를 표현하는 방법 중 하나예요. 음악과 같이 패션도 좋은 옷이나 나쁜 옷, 이런 구분이 있는 게 아니고 그날 그날 제 기분에 따라 저의 감성을 외부에 드러내고 표현하는 수단 중 하나예요. 무대에서의 공연 콘셉트, 뮤직비디오, 음악적 색깔과 방향 등 저의 모든 것들을 표현할 때면 들리는 것을 포함해 보이는 것도 저의 첫인상이니까요. 저를 잘 표현할 수 있는 수단(?) 그게 바로 저의 패션입니다." 지드래곤은 자신을 표현하는 방법으로 패션을 택했다.

지드래곤은 모델처럼 옷걸이가 훌륭해서 패션 아이콘이 된 것이 아니다. 지드래곤보다 잘생긴 남자는 많고, 키가 큰 남자도 많다. 디자인을 직접 하는 사람도 있고, 브랜드를 소유한 사람도 있다. 지드래곤의 패션이 인정받는 것은 그 날의 감성, 무대의 콘셉트, 음악의 색깔이 패션으로 드러나기 때문이다. 물론 옷을 잘 입는 능력도 인정받아야겠지만, 패션으로 표현하고 싶은 것이 있다는 점이 더 중요하다. 지드래곤이 패션에 관심이 많고, 패셔니스타로 인정받는 것은 음악을 하기 때문이다.

아름다움은 표현하고 싶은 것이 있을 때 가치를 보인다. 글이 아무리 아름다워도 그 속에 전하려는 말이 없으면 의미가 없다. 지드래곤의 화려한 빨간 머리는 교복 입는 학생들에게 대리만족을 느끼게 한다. 그 만족감은 단순히 금지된 염색 머리에 대한 해방감이 아니다. 아름다움은 표현하고 싶은 것이 있을 때 가치가 있는데, 지금 학생들에겐 '표현하고 싶은 것'이 없다. '표현하고 싶은 것'을 찾을 시간을 빼앗겼다. 입시와 취업만을 위해 달리며 감정은 사치가 되었고, 개성은 꼴값이 되었다. 학생들은 빨간 머리로 '표현하고 싶은 것이 있다는 사실'에 대리만족을 느끼는 것일지도 모른다.

병아리는 귀엽고 수탉은 늠름하지만, 중닭은 못생겼다. 청소년인 내가 봐도 청소년은 못생겼다. 애도 아니고 어른도 아니고, 세상을 모르진 않지만 아는 것도 아니다. 몸과 마음이 거의 다 컸지만, 아직 덜 컸다. 한창 예뻐지고 있는 나이인 것은 분명하나, 아직 덜 예뻐졌다. 나 스스로를 닭대가리라고 비하하려는 것이 아니다. 나에게 '표현하고 싶은 것'이 있어도 표현하는 능력에 한계가 있음을 안다는 말이다. 그래서 어른들이 보기엔 학생들의 나름 꾸민다고 꾸민 모습이 우스울 뿐이라는 것을 안다. 그 시간에 공부나 했으면 좋겠다는 마음도 안다.

하지만 중닭은 끊임없이 털갈이를 하고 예뻐지겠다는 욕심을 부려야만 늠름한 수탉이 된다. 수탉이든 암탉이든 성별과 상관없이, 어른이 된다. 중닭이 못생겨서 보기 싫어도 병아리가 바로 수탉이 될 수는 없다. 조금 우습더라도 시행착오를 겪어야만 어른이 된다. 이건 외모를 가꿀 때도 마찬가지고, 마음을 가꿀 때도 마찬가지다. 병아리마냥 어른을 졸졸 쫓아다니며 시키는 공부만 하면 어른이 될 수 없다. 서툴더라도 하고 싶은 공부를 찾아서 실패의 경험을 켜켜이 쌓아야만 어른이 될 수 있다.

  어른들이 정말 학생들을 위한다면, 자신만의 공부를 찾고 자신만의 패션을 찾아야 할 시간에 모두가 똑같은 공부를 하며 똑같은 옷차림을 하는 것은 이상한 일이라고 지적해 주어야 한다. 시행착오를 두려워하고 자신의 개성을 드러내는 일을 기피하는 학생들을 꾸짖는 것이 옳다. 입시와 취업만을 위해 달리며 감정은 사치가 되고 개성은 꼴값이 되는 세상을 바꾸는 것이 옳다. 공부할 시간에 빨간 머리로 염색할 궁리만 한다며 욕하지 말고, 진정으로 '표현하고 싶은 것'은 없이 빨간 머리로 염색만 하면 만사오케이가 아니라는 것을 알려 주어야 한다.

  지드래곤은 표현하고 싶은 것이 있고, 그것을 음악으로 표현한다. 그에게 패션은 아름다운 무대를 위한 노력이고, 무대는 여운이 긴 음악을 위한 노력이다. 지드래곤은 듣는 것 못지않게 보는 것도 강렬한 음악을 추구한다. 지드래곤은 '보이는 음악'에 주목해서 무대를 꾸미고, 아름다운 무대를 그려낸다. 무대에 서는 자신도 아름다움을 추구한다. 패션은 스스로를 아름답게 꾸미는 방법으로 택했다. 어쩌면 지드래곤은 스스로와, 음악과, 무대의 아름다움을 추구해서 미남일지도 모른다. 지드래곤은 잘생겨서 미남이 아니라, 아름다움을 추구하는 남자이기에 미남(美男)이다.

계속 아름다움을 추구해 주었으면 한다. 아름답게 꾸미고 나서서 아름다운 무대 위에서 아름다운 음악을 들려주고 보여 주었으면 한다. 솔직히 패션에 대해 말을 늘어놓은 지금도 여전히 지드래곤의 얼굴을 감상하고 싶다. 그래도 지드래곤의 패션을 위한 것이라면 얼굴을 가린 모자와 난해한 헤어스타일까지도 감당할 테니, 계속 아름다움을 추구해 주었으면 한다. 자신을 음악으로 표현하고, 패션으로 아름다움을 추구하는 지드래곤이 좋다. 좋아하는 여자의 예쁨을 찬양하는 곡 〈BUTTERFLY〉처럼 지드래곤의 멋짐을 계속 찬양하고 싶다.

〈 BUTTERFLY 〉

IT'S ALL ABOUT YOU, MY BUTTERFLY
EVERYTIME I COME CLOSE TO YOU (EVERYTIME I'M FELLING YOU)
FELL LIKE I'M GONNA DREAM EVERYTIME (I GET BUTTERFLY)

(CHECK IT) 무심코 하늘을 봐 LIKE 네 웃는 모습을 닮아
유난히 눈부신 걸 OOH BABY
내 하루 속 넌 아마 로맨틱한 HIT DRAMA
날 울고 웃게 하죠
잠들지 못하겠는데 (네 이름을 불러보는데)
넌 수줍은 듯 고갤 돌리고 (NO MATTER WHAT)
이렇게 좋아하는데 좀처럼 걸음마를 뗄 수가 없어
YOU DON'T KNOW HOW MUCH I LOVE YOU

EVERYTIME I COME CLOSE TO YOU (EVERYTIME I'M KISSING YOU)
FELL LIKE I'M GONNA DREAM EVERYTIME (I GET BUTTERFLY)

(BEAUTIFUL GIRL) 무심코 땅을 봐 LIKE 너의 이름 세 글자
너무나 설레는 걸 OOH BABY
네 작은 상처하나 내가 아물게 해줄게
나의 사랑 그대여 (EVERYTIME) 넌 마치 나비처럼 꽃 찾아 날아다니는 저 아이처럼
순수한 눈망울을 머금고 (NO MATTER WHAT)
하늘하늘거리는 몸짓 아른아른한 네 눈빛 나 어떻게 되었나 봐
YOU'RE THE ONLY ONE GIRL ONE LOVE ONE LIFE YEAH

EVERYTIME I COME CLOSE TO YOU (EVERYTIME I'M HOLDING YOU)
FELL LIKE I'M GONNA DREAM EVERYTIME (I GET BUTTERFLY)

네가 약속한 게 야속하게 어긋나더라 속타게
JUST ANOTHER DAYS 다 똑같애 뭐 그렇게 복잡해
넌 남자를 못 믿는데 사랑도 영원할 수 있는데
밀고 당기는 건 왜 하는데 좀더 솔직하게 굴 순 없는데
내 눈을 봐 YOU SEE MY EYES SEE MY LIPS YOU LISTEN 2 MA HEART
들린다면 답해줘 내 볼에 KISS & HUG NATURAL HIGH
YEAH THAT'S WE, ALL I'M SAYIN' IS 너와 내 설레임만 가득하다면은
우린 NEVER EVER NO BREAK UP TRUST ME I'LL MAKE LOVE TO YOU

EVERYTIME I COME CLOSE TO YOU (EVERYTIME I'M FELLING YOU)
FELL LIKE I'M GONNA DREAM EVERYTIME (I GET BUTTERFLY)

03

친구,
지드래곤은 나의 좋은 친구다

'친구'란 같이 있으면 겁나 재밌는 사람이다. 반드시 '겁나' 재밌어야 한다.
가장 이상적인 친구는 같이 있으면 겁나 재밌고, 함께 있는 모습은 겁나 멋있는 친구다.
빅뱅은 이상적인 친구관계다.
음악에 취해서 같이 놀면 겁나 재밌고, 무대에서 함께 노는 모습은 겁나 멋있다.

지드래곤은 나의 좋은 친구다. 고민을 잊을 만큼 신나게 놀아 주고, 아무 말 없이 나를 안아 준다. 잘 보이려고 애쓸 필요도 없고, 눈치를 보느라 감정을 숨길 필요도 없다. 부모님이 너무 많이 걱정하실까봐 털어놓지 못했던 고민, 울음, 물음을 쏟아낼 수 있다. 나의 능력과 자신감을 보여 주려고 깊숙이 감춰뒀던 좌절, 두려움을 털어놓을 수 있다. 함께 목이 터져라 노래를 부르며 스트레스를 풀고, 세상에서 내가 제일 잘난 것 마냥 춤을 춘다. 예뻐 보이고 싶은 사람 앞에서는 보여주기 부끄러운 깜찍한 무대를 선보인다. 무대 장치라고 해봐야 내 방에 있는 거울 뿐이지만, 미친 듯이 놀기에는 충분하다. 이 정도면 친구라고 할 수 있지 않을까?

지드래곤을 실물로 마주하면, 떨지 않고 인사하기는 어려울 것 같다. 그러니 정확하게 말하면, 지드래곤의 '음악'이 나의 좋은 친구다. 음악은 나 혼자 놀고 싶지만 혼자 있기는 싫을 때 함께 해주는 친구다. 노래하는 목소리를 듣다보면 내 옆에서 말하고 있는 듯하다. 사람의 목소리는 어떤 악기보다 안정적이고, 강렬하고, 슬프고, 아름답다. 힘을 북돋워 주기도 하고, 나의 눈물을 마지막 한 방울까지 기다려 주기도 하고, 쉼 없이 잔소리를 퍼붓기도 한다.

지드래곤은 '조용히 네 뒤에 나무가 되리' 〈OH MY FRIEND〉를 노래한다. 내가 지드래곤을 친구라고 표현하는 것은 든든한 버팀목이 되어 주기 때문이다. 나를 포함한 팬들은 그의 노래로 휴식을 얻고, 웃음을 얻고, 힘을 얻는다. 지드래곤은 노래로 약속한 일을 노래로 지키고 있는 셈이다. 지드래곤의 노래는 팬들의 든든한 친구가 되어 준다. 지드래곤은 팬들의 든든한 친구가 되어 주는 노래를 자신의 친구들과 함께 불러 준다. 지드래곤은 혼자 노래하지 않는다. 솔로 앨범을 내고 활동하기도 하지만, 지드래곤은 그룹 '빅뱅'의 리더다.

나는 빅뱅의 무대를 보며 다섯 멤버가 얼마나 멋진 친구사이인지 생각한다. 동갑 친구들은 아니지만, 음악을 하고 싶다는 마음 하나로 모인 빅뱅 멤버들이 얼마나 멋진 친구사이인지 생각한다. 그 친구들이 뭉쳐 가요계에 얼마나 큰 대폭발을 일으켰는지 떠올린다. 서로 얼마나 편안하고, 동시에 얼마나 자극이 되는 존재일지 상상해 본다. 동료이기도 하고, 연습생 선후배이기도 하고, 형 동생으로 부르기도 하는 다섯 멤버들은 서로가 너무나도 소중한 존재일 것이다. '빅뱅'이 다섯 멤버를 친구로 만들었고, 다섯 친구가 모여서 '빅뱅'을 만들었다.

'글로 친구를 모은다' 하니 그 무리에 넷이 뭉쳤다. 먹으로 벼루에 갈고 붓으로 종이에 쓰니, 넷은 나아감과 물러남을 반드시 함께하였다. 비록 엎어지고 쓰러져도 어느 한 친구도 헤어지는 경우가 없으며, 비록 옛날과 지금의 상황이 다르더라도 넷은 서로를 꼭 기다려 준다. 마음이 하고자 하는 바를 따라 서로 쓰임이 되어 준다. 이렇게 보면, 종이와 벼루와 붓과 먹은 믿음으로 맺어진 서재의 네 친구라 할 것이다.

이런 까닭에 넷은 하나가 되어 돌처럼 단단한 사귐을 맺었고, 잘 붙는 아교를 칠한 것처럼 합하였다. 종이 같은 야박한 모습도 없고, 털끝만한 혐의도 없다. 털을 뽑아 천하를 이롭게 하기도 하고, 정수리를 갈아 사람들을 포용하여 사랑하기도 한다. 속을 비우고 받아들여 도(道)를 연마하기도 하며, 소박한 바탕과 담백한 성품으로 포부를 펼치기도 한다. 서로 가깝게 지내며 함께 다니고 함께 숨는다. 누구 하나라도 없어서는 안 되고 서로 유익한 벗의 도리를 다한다. 이렇게 보면, 그들의 친구 된 의리가 어떠한가?

-윤기 《무명자집》 '문방사우(文房四友)'

옛 지식인들은 마음이 맞는 친구들과 함께 공부했다. 술이나 한잔 걸치자고 만나서도 문득 영감이 떠오르면 시를 짓고, 각자 집으로 헤어져서도 번뜩이는 생각이 있으면 편지를 주고받으며 열띤 토론을 벌였다. 학문을 쌓다가 어려움이 생기면 가장 먼저 친구를 찾았고, 친구가 도움을 청하면 버선발로 달려갔다. 옛 지식인들은 친구를 각별히 여겼다. 서로를 믿고 의지하며 지냈던, 없어서는 안 되는 존재였다.

'문방사우(文房四友)'는 윤기가 '먹, 벼루, 붓, 종이'의 관계에 빗대어 친구를 설명한 글이다. 조선 후기의 학자인 윤기는 먹, 벼루, 붓, 종이를 '글로 친구를 모은다하면 뭉치는 친구'라고 표현한다. 그 친구들은 한순간도 헤어지는 경우가 없고, 각자

맡은 바에 따라 쓰임이 되어 준다고 말한다. 서로 가깝게 지내며 나아갈 때도 물러날 때도 함께한다는 것이다.

먹, 벼루, 붓, 종이가 함께하려면 서로를 믿고 의지해야 한다. 각자의 역할을 존중하고, 곁에 있는 친구가 맡은 일을 잘 해낼 것이라고 믿어 주어야 한다. 먹은 빛깔을 내고, 벼루는 발판이 되고, 붓은 모양을 만들고, 종이는 바탕이 되어야 한다. '붓'이 능력을 과시하기 위해 힘을 잔뜩 주면 종이에 구멍만 나고 글씨를 쓸 수가 없다. '먹'이 자신감이 떨어진 탓에 움츠리고 있으면 글씨가 너무 연해서 글을 알아볼 수가 없다. 먹, 벼루, 붓, 종이가 글을 위해 모인 친구라면, 각자의 역할을 충실히 행해야 한다. 서로를 믿고 의지해야 한다.

"한 명이 빠지고 바뀌고 그런다면 그건 더 이상 빅뱅이 아니라고 생각한다. 우리 다섯 명이 모이게 됐고 빅뱅을 할 수 있었던 것은 좋은 인연이고 우리이기 때문에 할 수 있었던 것이라고 생각한다. 굳이 멤버를 교체하면서까지 빅뱅을 해야 할 이유는 없다. 우리가 모였을 때 가장 좋은 시너지를 낼 수 있다. 가장 즐겁고 친한 친구다. 그런 마음이 지금까지 할 수 있었던 큰 원동력이다." 빅뱅의 멤버 태양이 한 말이다.

윤기는 글을 위해 모인 먹, 벼루, 붓, 종이는 하나라도 없어서는 안 된다고 말했다. 음악을 위해 모인 빅뱅 멤버들은 한 명이라도 없어서는 안 된다. 내가 빅뱅의 노래를 좋아하는 이유 중 하나는 멤버 다섯 명이 모두 노래에 꼭 필요하기 때문이다. 탑의 묵직한 랩, 태양의 안정적인 보컬, 대성의 시원한 고음, 승리의 예쁜 미성, 자유로운 랩으로 날아다니며 전체를 지휘하는 지드래곤까지. 빅뱅 멤버들은 각자의 장점과 매력이 뚜렷하다.

문방사우는 넷이지만 빅뱅은 다섯이다. 빠진 하나는 바로 '물'이다. 절대 없어서는 안 되는 존재지만, 드러나지 않는다. 물은 먹과 벼루와 붓과 종이를 하나로 만든다. 글을 쓰기 위해 먹, 벼루, 붓, 종이의 힘을 합쳐지게 하는 것은 물이다. 누가 먹이고, 누가 벼루고, 누가 붓이고, 누가 종이일까? 그리고 누가 물일까? 재밌는 상상이다. 내 생각이다.

팬들 사이에서 막내 '승리'는 카메라 욕심을 부리는 자화자찬의 달인으로 유명했지만, 시간이 흐르면서 성숙해졌다. 귀여운 수준의 자화자찬은 여전하지만, 지나친 욕심은 버렸다. '대성'은 잘 되면 남의 덕 안 되면 나의 탓인 성격으로 유명했지만, 무대 뒤에서 아쉬워할 뿐 무대 위에서 움츠린 적은 없다. 성격의 차이는 있겠지만, 각자의 파트에서 존재감이 확실한 가수라는 것은 다섯 멤버들 모두 똑같다. 함께 할 때 가장 좋은 시너지를 낼 수 있는 친구들이 모여서 '빅뱅'이 되었다.

빅뱅이 순탄하기만 했던 것은 아니다. 사건 사고가 벌어지기도 했고, 다섯 멤버들이 한 명도 빠지지 않고 스타가 되자 개인 활동에 주력하면서 해체설도 나왔었다. 데뷔하기 전에 똘똘 뭉쳤던 것도 아니다. 태양과의 힙합 듀오를 꿈꾸던 지드래곤은 5인조 그룹인 빅뱅을 반대했었다. 지드래곤은 우여곡절을 겪고 빅뱅이 되면서 세 명의 친구를 더 얻었다. 지드래곤, 태양, 탑, 대성, 승리까지 다섯 친구는 그렇게 '빅뱅'이 되었다. 빅뱅 멤버들은 시간이 흐르면서 동료, 의지할 상대, 가족 같은 사람, 가장 즐겁고 친한 친구로 발전했다.

'문방사우(文房四友)'에서 윤기는 비록 엎어지고 쓰러져도 어느 한 사람도 헤어지지 않고, 예전과 지금의 상황이 달라도 서로를 꼭 기다려 주는 것이 '친구'라고 말했다. 서로가 소중한 친구인 빅뱅은 사건 사고를 함께 견디었고, 개인 활동에 주력하

지드래곤은
우여곡절을 겪고 빅뱅이 되면서 세 명의 친구를 더 얻었다.
지드래곤, 태양, 탑, 대성, 승리까지 다섯 친구는
그렇게 '빅뱅'이 되었다.

빅뱅 멤버들은 시간이 흐르면서
동료,
의지할 상대,
가족 같은 사람,
가장 즐겁고 친한 친구로 발전했다.

다가도 빅뱅일 때만 느낄 수 있는 즐거움을 기억하고 돌아왔다.

'친구'란 같이 있으면 겁나 재밌는 사람이다. 반드시 '겁나' 재밌어야 한다. 가장 이상적인 친구는 같이 있으면 겁나 재밌고, 함께 있는 모습은 겁나 멋있는 친구다. 빅뱅은 이상적인 친구관계다. 음악에 취해서 같이 놀면 겁나 재밌고, 무대에서 함께 노는 모습은 겁나 멋있다.

사실 가요계의 대폭발을 일으키겠다는 빅뱅의 포부는 현실이 된지 오래다. 빅뱅은 〈거짓말〉로 시작된 대폭발을 컴백할 때마다 연달아 일으켰다. 만약 빅뱅이 세상을 놀라게 만들고 싶다는 마음만을 품고, 1등을 하겠다는 계획만을 가지고 뭉쳤다면, 지금 당장 뿔뿔이 흩어져도 이상하지 않을 것이다.

나는 빅뱅이 '겁나' 재밌고 '겁나' 멋있게 살기 위해 뭉쳤다고 생각한다. 삼국지에 나오는 유비, 관우, 장비처럼 도원결의를 맺었다고 생각한다. 복숭아 동산에서 약속을 하지는 않았겠지만 말이다. 다섯 멤버들은 음악이 가장 재밌는 사람들이다. 무대에서 노래할 때 가장 멋있는 사람들이다. 빅뱅은 겁나 재밌고 겁나 멋있게 살려고 뭉쳤다. 노래하며 살자고, 무대에 함께 서자고 다짐했다. '가요계의 대폭발'은 음악으로 세상을 놀라게 만드는 것도 꽤 재밌고 꽤 멋있는 일이라고 생각한 것이 아닐까. 그래서 그렇게 엄청난 포부를 품고, 이렇게 멋있는 모습을 보여주는 것이 아닐까.

물론 나는 지드래곤을 비롯한 빅뱅 멤버들의 인생 계획에 대해 아는 바가 없다. 히트곡을 수두룩하게 쌓은 데다 데뷔 연차도 쌓여 가는데 여전히 무대를 즐기고, 음악에 취한 모습을 보건대 그런 것 같더라는 말이다. 여전히 무대를 겁나 재밌어 하고, 음악을 겁나 좋아하는 모습이 겁나 멋있더라는 말이다.

나도 그런 친구들을 얻고 싶다. '겁나' 소중한 친구들을 얻고 싶다. 꼭 음악이 아니더라도, 연예인을 하지 않더라도, 내가 사랑하고 푹 빠져서 살아갈 분야를 찾고 싶다. 그리고 마음이 맞는 친구들과 뭉쳐서 도원결의를 맺고 싶다. 겁나 재밌고 겁나 멋있게 살기로 약속하고 싶다. 빅뱅이 품었던 '가요계의 대폭발'처럼, 세상을 놀라게 만들자는 꽤 재밌고 꽤 멋있는 포부도 품고 싶다. 강렬한 선전포고를 날리고 싶다.

같이 있으면 '겁나' 재밌고, 함께 있는 모습은 '겁나' 멋있었으면 좋겠다. 나에게 그런 친구들이 있었으면 하고, 내가 친구들에게 그런 존재였으면 한다. '친구'란 같이 있으면 '겁나' 재밌는 존재다. '겁나' 멋있는 존재다.

나는, 지드래곤과도 계속 친구하고 싶다.
〈OH MY FRIEND〉를 승낙의 표시로 믿겠다.

/BGM 〈 OH MY FRIEND 〉

1 2 3 4

세상이 그대를 슬프게 한다면 언제 어디서든 내 이름을 불러주오
난 항상 너만을 위한 119 5분 대기조 ye

그대가 가진 아픔은 아픔아냐 우릴 만나게 해준 인연의 끈이야
내게 기대 울어도 좋아 아무말 없이 안아줄테니

나 널 위해 비를 맞아 쉬지않고 달려가 거친 바람도 뚫고지나 ye
네 뒤에 무거운 짐 어두운 그림자 이젠 내가 다 막아줄테니

oh my friend oh my friend 영원히 그대의 친구가 되리
oh my friend oh my friend 너만이 나를 살게해
oh my friend oh my friend 조용히 네 뒤에 나무가 되리
oh my friend oh my friend my friend 사랑해 친구여

let's rock&roll man i don't control
눈을 감고 가슴을 열어 (love&peace)
꿈꾸던 바램 trust me 거짓없이 진실만을 말해
똑바로 걸어 꼭 한번은 절어 누구나 다 실수는 하기마련
실패를 딛고 일어나보렴 쓰린 상처 다 안녕

자! 내 손을 잡고 나아가자 잃어버렸던 꿈 다시 찾아가자
같이 날아보자 먼지를 털어보자 옆 사람도 함께 가보자
끝은 안보이지만 미래는 밝다 우린 아직 젊기에 기회는 많다
서로 사랑하자 더 크게 외쳐보자 자유!

oh my friend oh my friend 영원히 그대의 친구가 되리
oh my friend oh my friend 너만이 나를 살게해
oh my friend oh my friend 조용히 네 뒤에 나무가 되리
oh my friend oh my friend my friend 사랑해 친구여

지친 일상을 떠나 네가 그리던대로
꿈을 향해 뛰어라 그대여
go away go away let's go away baby
oh oh oh oh oh-
모두 뛰어

oh my friend oh my friend 영원히 그대의 친구가 되리
oh my friend oh my friend 너만이 나를 살게해
oh my friend oh my friend 조용히 네 뒤에 나무가 되리
oh my friend oh my friend my friend 사랑해 친구여

04

음치(音痴),
음악만 하는 바보

지드래곤은 음악에 미쳐서(狂) 미쳤다(及).
'남이 미치지 못할 경지에 도달하려면 미치지 않고는 안 된다'는 것을
너무나도 잘 알고 있는 아티스트다.
지드래곤은 음악에 미친 음치(音痴)다.

목멱산(木覓山, 남산) 아래 어떤 어리석은 사람이 살았다. 그는 더듬거리며 말을 잘하지 못하고, 성품이 게으르고 옹졸하여 그때 그때 해야 할 일을 알지 못하고, 바둑이나 장기는 더욱 알지 못하였다. 남들이 욕을 해도 변명하지 않고, 칭찬을 해도 자랑하지 않았다. 오직 책보는 것만을 즐겨 추위나 더위, 배고픔이나 병듦을 전혀 몰랐다.

어렸을 때부터 스물한 살 때까지 손에서 하루도 책을 내려놓은 적이 없었다. 그의 방은 매우 작았다. 그러나 동창·남창·서창이 있어 아침부터 저녁까지 해를 따라 밝은 곳을 찾아 책을 보기에 좋았다. 보지 못한 책을 보면 문득 기뻐서 웃으니, 집안사람들은 웃음을 보고 그가 새로운 책을 얻은 것을 알았다.

두보의 시(詩)를 아주 좋아했는데, 병을 앓는 사람처럼 끙끙거리며 깊이 생각하다가 심오한 뜻을 깨우치면 매우 기뻐하였다. 일어나 왔다갔다 걸어 다니는데 그 소리가 마치 갈까마귀가 우는 것 같았다. 혹은 조용히 아무 소리도 없이 눈을 크게 뜨고 뚫어지게 보기도 하고, 혹은 꿈꾸는 사람의 잠꼬대처럼 혼잣말을 하기도 하였다. 사람들이 평하길 간서치(看書痴, 책만 보는 바보)라 하여도 기쁘게 받아들였다.

그의 전기문을 쓰는 사람이 없기에 붓을 움직여 그 일을 써서 '간서치전'을 만들었다. 그의 이름은 기록하지 않는다.

-이덕무 《청장관전서》 '간서치전(看書痴傳)'

간서치(看書痴) 이덕무가 자신에 대해 쓴 글이다. 조선 후기의 학자인 이덕무는 책만 보는 바보라고 불릴 만큼 책에 미쳐서 살았던 사람이다. 누구보다 책을 좋아하고 사랑했던 이덕무는 더위나 추위도 느끼지 못할 만큼 책에 집중했고, 배고픔이나 병듦도 모를 만큼 책에 빠져들었다고 한다. 아침부터 저녁까지 해가 움직이는 방향에 따라 자리를 옮겨가며 책을 읽었다. 책만 보는 바보라는 것은 그만큼 책을 좋아했다는 표현이다. 진짜 바보였다는 뜻이 아니다. 이덕무는 배움을 얻고 깨달음을 얻는 것이 좋아서 책을 사랑한 사람이다. 책을 바다로 본다면,

바다에 빠져서 허우적거렸던 사람이 아니라 바다에 빠져서 자유롭게 헤엄쳤던 사람이다.

지드래곤은 음치(音痴)다. 마이크를 쥘 때마다 주변 사람들이 괴로워한다는 뜻이 아니다. 지드래곤은 음악만 하는 바보다. 간서치와 음치의 '치(痴)'는 같은 한자를 쓴다. 이덕무가 책만 보는 바보였다면, 지드래곤은 음악만 하는 바보다. 분야는 다르지만 두 사람 모두 자신이 좋아하는 일에 미쳐있음은 같다. 이덕무가 책에 미쳐서 살았던 것처럼 지드래곤은 음악에 미쳐서 산다. 이덕무가 책에 빠져서 잠들지 못했던 것처럼 지드래곤은 곡을 쓰느라 잠들지 못했을 것이다. 이덕무는 책에 빠져서 배고픔도 잊고, 추위나 더위도 신경 쓰지 않았다. 지드래곤은 녹음을 하다보면 배고픔도 잊고, 추위나 더위도 느껴지지 않았을 것이다. 이덕무가 좋은 책을 발견하면 환호성을 질렀듯이, 지드래곤은 좋은 곡이 탄생하면 환호성을 질렀을 것이다.

이덕무는 남들이 욕을 해도 구차한 변명을 하지 않고, 인정을 받으면 고마움을 표하지만 나태해지지 않았다. 그저 책이 좋아 책 속에서 살았다. 지드래곤은 남들이 욕을 해도 구차한 변명을 하지 않고, 팬들의 환호를 받으면 고마움을 표하지만 나태해지지 않는다. 그저 음악이 좋아 음악 속에서 살아갈 뿐이다. 지드래곤은 운도 좋고 실력도 좋아 사회적으로 성공했고, 그에게 열광하며 응원하는 팬들도 많지만, 결국 스스로가 즐겁기 때문에 음악을 하는 것이다. 나태해지지 않고 계속 음악을 한다는 것은 즐겨야만 가능한 일이다.

"타인의 시선으로 난 삶의 정점을 찍었고, 꿈을 이뤘으며 아쉬울 게 없는 걸로만 비쳐질 수 있다. 하지만 당장 내일은 아무도 알 수 없다. 10년 혹은 15년 후 더 이상 음악을 할 수 없을 지도 모른다. 내가 음악과 이별해야 한다면? 그렇게 되면 난 아무것도 할 수 없는 삶이다. 음악 말고는 잘하는 게 없다." 지드래곤은 자신의 삶을 이야기했다.

지드래곤은 음악과 이별하면 아무것도 할 수 없는 삶을 살고 있다. 평범하게 살기에는 이미 얼굴이 팔려서 글렀다는 얘기가 아니다. 음악에 푹 빠져서 살고 있다는 얘기다. 모든 경험과 감정을 음악으로 표현하려고 궁리한다는 뜻이다. 머리를 헤집고 다니던 고민들도 결국 곡으로 풀어낸다는 것이다. 음악에 푹 빠져서, 음악에 미쳐서 살고 있다는 뜻이다.

미치는 것은 시켜서 되는 일도 아니고, 노력해서 되는 일도 아니다. 가슴이 뛰지 않는데 설렐 수는 없는 노릇이다. 깊은 속마음의 세포 하나하나까지 동할 때, 진심으로 푹 빠져서 완전히 미칠 수 있다. 지드래곤은 음악만 하는 바보, 음치다. 지드래곤은 '음악'이라고 하면 깊은 속마음의 세포 하나하나까지 동하는, 음악에 푹 빠져서 완전히 미쳐 있는 아티스트다.

불광불급(不狂不及)! 미치지 않으면 미치지 못한다. 세상에 미치지 않고 이룰 수 있는 큰일이란 없다. 학문도 예술도 사랑도 나를 온전히 잊는 몰두 속에서만 빛나는 성취를 이룰 수 있다. 한 시대를 열광케 한 지적, 예술적 성취 속에는 스스로도 제어하지 못하는 광기와 열정이 깔려 있다.

-정민 《미쳐야 미친다》 '머리말'

《미쳐야 미친다》는 미치지(狂) 않으면 미치지(及) 못한다고 이야기한다. 옆에서 지켜보던 사람들에게 '또라이'라는 말을 들을 정도로 몰두하며 일종의 광기(狂氣)를 뿜내야만 어느 한 분야에서 빛나는 성취를 이룰 수 있다는 뜻이다.

《미쳐야 미친다》는 자신만의 세계로 빠져드는 그 깊이와 집중력이 보통은 아닌 사람들의 이야기를 들려준다. 돌만 보면 벼루를 깎았던 석치(石痴) 정철조, 과거시험을 보다가 우연히 잘 써진 글씨에 스스로 감탄하며 답안지를 제출하는 대신 소중하게 품고 돌아온 최흥효, 아버지에게 매를 맞는 와중에도 흐르는 눈물을 찍어다가 그림을 그린 이징, 한 곡을 부를 때마다 신발에 모래 한 알을 던지며 그 모래가 신발을 가득 채울 때까지 노래했던 학산수 등을 소개하고 있다.

그들은 미쳤다(狂). 그래서 미쳤다(及). 자신이 선택한 분야에 미친 듯이 빠져들었고, 결국 빛나는 성취를 얻고야 말았다. 아티스트에게 '당신, 〈미치GO〉 있다'는 말보다 더 멋진 찬사는 없다. 나는 이 찬사를 지드래곤에게도 보내고 싶다. 지드래곤은 음악에 미쳐서(狂) 미쳤다(及). '남이 미치지 못할 경지에 도달하려면 미치지 않고는 안 된다'는 것을 너무나도 잘 알고 있는 아티스트다. 지드래곤은 음악에 미친 음치(音痴)다. 지드래곤은 음악만 아는 음치(音痴)다. 지드래곤은 음악만 하는 음치(音痴)다. 지드래곤은 음악만 즐기는 음악치(音樂痴)다.

나는 지드래곤이 없으면 못 산다, 라고 할 수는 없지만, 계속 지드래곤의 음악을 즐기고 싶다. 아침에 일어나 세수할 때부터 저녁에 돌아와 샤워할 때까지 그의 노래를 흥얼거리고 싶다. 이제 와서 팬질을 그만두기엔 이미 지드래곤에게 푹 빠져 있다. 지드래곤이 컴백하면서 연출하는 낯선 무대를 보며 놀라는 것에 익숙해져 있다. 다음 무대는 또 얼마나 기발할지 기대하면서 설레고, 다음 앨범은 또 얼마나 대단할지 상상하면서 설렌다. 무대에서 미친 듯이 노는 지드래곤의 에너지를 계속 느끼고 싶다.

지드래곤은 무대를 즐기며 휘젓고 다니는 모습, 시크한 듯 자상하게 팬을 대하는 모습 때문에 '천생 연예인'으로 불린다. 하지만 '권지용'은 평생을 평범하게 살 수도 있었을 것이다. 무대에서 노래하고 춤추는 대신, 좋아하는 가수의 노래를 흥얼거리며 살았을지도 모른다. 천만다행으로 '권지용'은 음악에 미쳐서 '지드래곤'이 되었고, 덕분에 나는 음치(音痴) 지드래곤을 만날 수 있게 되었다.

나도 미치고 싶다. 푹 빠져서 완전히 미쳐서 살아갈 분야를 찾고 싶다. 예술이든 기술이든, 내가 선택한 분야를 누구보다 그들은 미쳤다(狂). 그래서 미쳤다(及).
자신이 선택한 분야에 미친 듯이 빠져들었고,
결국 빛나는 성취를 얻고야 말았다.

아티스트에게 '당신, <미치GO> 있다'는 말보다 더 멋진 찬사는
없다. 나는 이 찬사를 지드래곤에게도 보내고 싶다.
지드래곤은 음악에 미쳐서(狂) 미쳤다(及).
'남이 미치지 못할 경지에 도달하려면 미치지 않고는 안 된다'는
것을 너무나도 잘 알고 있는 아티스트다.

지드래곤은 음악에 미친 음치(音痴)다.
지드래곤은 음악만 아는 음치(音痴)다.
지드래곤은 음악만 하는 음치(音痴)다.
지드래곤은 음악만 즐기는 음악치(音樂痴)다.

좋아하고 사랑하다 못해 미쳐있을 만큼 푹 빠져들고 싶다. 잠자는 시간도 아깝고, 더위나 추위도 잊을 만큼 빠져들어 배고픔도 느껴지지 않는 그 광적인 마음을 갖고 싶다. 그렇게 미쳐서(狂) 미치고(及) 싶다. 깊게 몰두하며 일종의 광기(狂氣)를 뿜어낸다면, 그래서 바보 소리를 듣는다면, 얼마나 즐거울까.

'당신, 〈미치GO〉 있다'는 찬사를 받는다면, 얼마나 행복할까.

〈 미치GO 〉

나 오늘 미치고 나 오늘 미치고 나 오늘 미치고 나 오늘 미치고 싶어
We gotta 밤새 D.N.A.F dirty nasty as fun
나 오늘 흔들고 나 오늘 흔들고 나 오늘 흔들고 나 오늘 흔들고 싶어
나 돌아 갈래 No, shut up

두둥두둥 Now beat that drum 북을 울려
부릉부릉 신나게 밟아 발을 굴려 눈 풀려
에너지 드링크 한잔 올려 뭐 졸려 시원하게 싹 비우고 말아 돌려
제2의 인격체 맛 간 중추신경계

거울에 비친 내 모습은 너무 위험해
I said mother father who are you
나는 누구 여긴 어디
I'm a 'D' boy

나 오늘 미치고 나 오늘 미치고 나 오늘 미치고 나 오늘 미치고 싶어
We gotta 밤새 D.N.A.F dirty nasty as fun
나 오늘 흔들고 나 오늘 흔들고 나 오늘 흔들고 나 오늘 흔들고 싶어
나 돌아 갈래 No, shut up

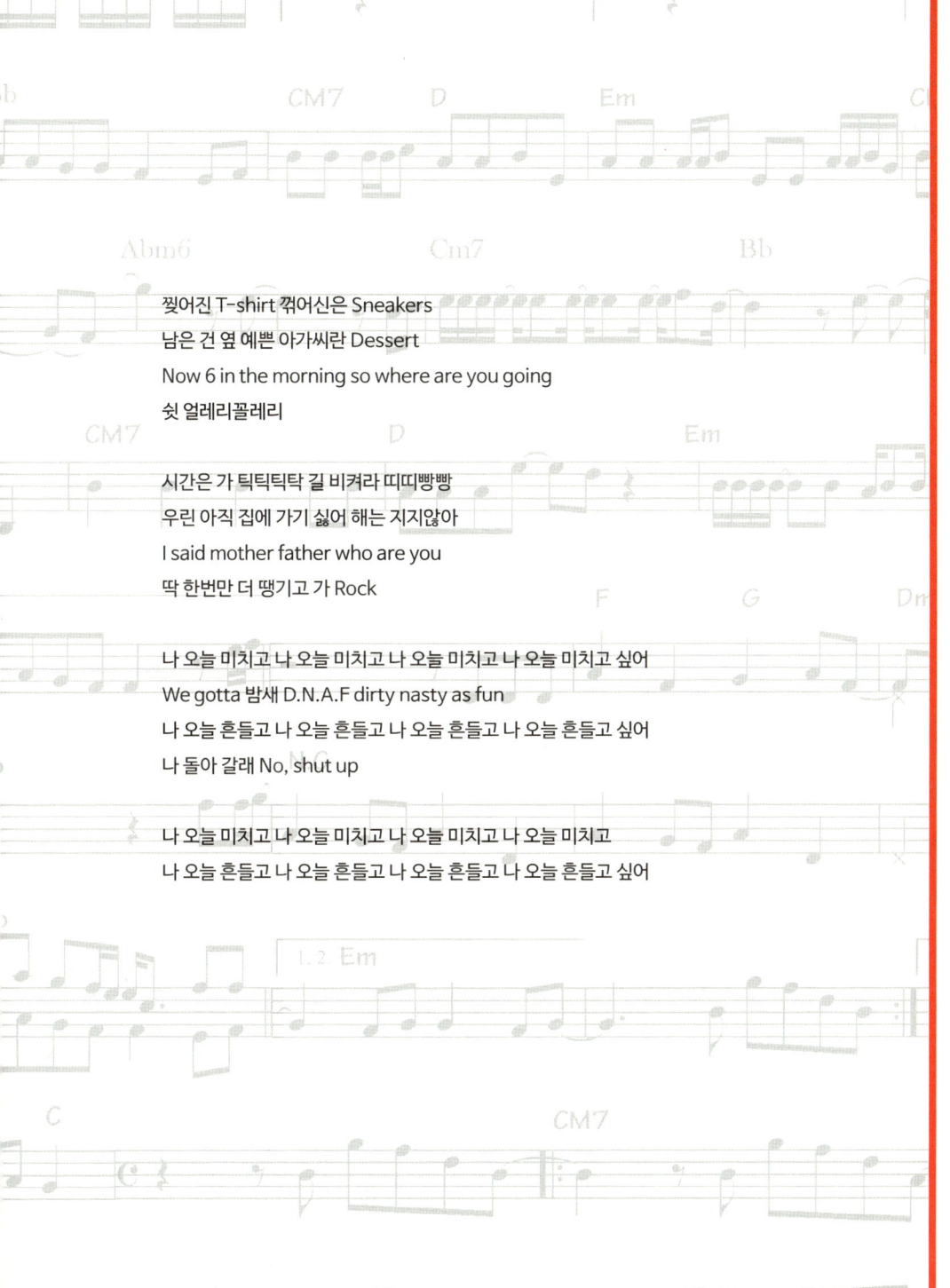

05

서태지,
서태지와 지드래곤

> 서태지와 지드래곤은 둘 다 멋지다.
> 아빠는 서태지 세대였고, 나는 지드래곤 세대이다.
> 길게 말을 늘어놓았지만 결국 서태지와 지드래곤은 둘 다 멋지다.
> 이 글을 쓰면서 아빠 세대의 스타였던 서태지 음악을 처음 들었고, 무대를 처음 보았다.

"지드래곤이 서태지만큼 대단하냐?" "서태지가 누군데요?"

이 글은 아빠와 딸이 세대 차이를 온몸으로 느끼며 나눈 대화, 토론, 실랑이다.

아빠는 지드래곤과 거리가 멀었고, 나는 서태지와 거리가 멀었다. 서태지와 아이들은 1996년에 공식 해체되었고, 나는 1999년에 태어났다. 나는 '서태지'라는 이름, '서태지와 아이들'에 속해 있던 양현석이 지드래곤의 소속사인 YG 대표라는 것 정도만 알고 있었다. 서태지의 인기를 체감해본 적 없는 나로서는 더 알고 싶은 마음도 없었다. 지드래곤을 길에서 마주치면 어떨지는 수없이 상상해 봤지만, 서태지를 길에서 마주치면 알아볼 수는 있을지 의문이었다. 아니, 솔직히 상상해 보지도 않았다. 순전히 아빠 때문에 서태지를 관심어린 눈빛으로 바라보기 시작했다. 아빠 또한 순전히 나 때문에 지드래곤을 관심어린 눈빛으로 바라보기 시작하셨다.

지드래곤이 서태지만큼 대단하냐? 서태지가 어땠는지는 잘 몰라도 지드래곤이 대단한 것은 확실하다, 그니까 뭐가 그렇게 대단하냐, 음악부터 패션까지 유행을 이끌고 있다, 문화대통령으로 불릴 정도는 아니잖아, 문화대통령으로 불리진 않지만 인기가 많아서 파급력과 영향력이 엄청나다, 다른 아이돌 그룹들도 인기는 많잖아, 직접 만든 음악을 전면에 내세워서 이 정도로 성공한 그룹은 없다, 그럼 서태지만큼 대단하냐, 서태지가 어땠는지는 잘 몰라도…… 대화는 뫼비우스의 띠를 탔고 아빠와 나는 지쳐갔다.

나는 뫼비우스의 띠에서 벗어나려고 서태지를 알아보기 시작했다. 앨범 발표가 9시 뉴스에서 보도되고, 서태지를 분석한 책들이 출판되고, 어른들이 주로 즐기던 가요계에서 10대 팬을 얻기 시작한 원조 아이돌, 데뷔 앨범부터 180만장이라는 엄청난 판매량을 기록한 가수, 랩과 댄스 장르의 음악을 유행시킨 가수, 엄청난 파급력과 영향력으로 문화대통령이라고도 불렸던 사람, 대중의 눈치를 보지 않고 끊임없이 새로운 도전을 하며 앨범을 만든 아티스트, 서태지와 아이들이 해체된 후 솔로로 음악을 계속 하며 지금까지도 화제성을 잃지 않는 살아있는 전설이라고 한다.

어디서 주워들은 티가 확 난다면, 제대로 본 것이다. 이미 랩과 댄스 장르가 유행한 후의 가요를 즐기는 나에게 서태지의 신선함이 느껴질리 만무하고, 인터넷 등의 다양한 매체를 통해 소식을 접하는 나에게 앨범 발표가 9시 뉴스에서 보도되는 것이 어떤 의미인지 와 닿을 리 없다. 음반보다 음원에 익숙한 나는 180만장이 어느 정도인지 감도 안 잡힌다. 머리로는 대단하다고 여기며 화려한 프로필에 입이 떡 벌어져도, 전혀 흥분되거나 가슴이 뛰지를 않았다. 어설프게 아빠를 이해해 보려다가 나가떨어진 셈이다.

"그럼 너는 차범근보다 박지성이 대단하냐?"
"나는 손흥민이 좋은데" 오, 이런.

아빠는 축구 이야기를 하면서 차범근과 박지성을 비교하면 분노하시는 분이다. 감히 박지성을 위대한 차범근에 붙여 놓고 왈가왈부하는 것이냐고 화를 내신다. 박지성이 영원한 캡틴이라는 애칭을 얻고 전성기를 누릴 때 진심으로 응원하셨고, 박지성이 은퇴를 선언했을 때 진심으로 아쉬워하셨지만, 박지성을 차범근과 비교하는 사람들을 보거나 비교하는 칼럼을 읽으면 분노하셨다. 박지성이 아무리 훌륭한 선수라지만, 축구환경이 지금보다 훨씬 열악했던 그 시절 독일로 날아가 전설이 된 차범근과 비교할 수는 없다며 화를 내셨다. 서태지와 지드래곤 또한 차범근과 박지성을 비교하는 꼴이라고, "너는 그럼 차범근보다 박지성이 대단하냐?" 하셨다.

근데 나는 손흥민이 좋다. 축구를 음악만큼 좋아하지도 않고 손흥민을 지드래곤만큼 좋아하지도 않아서 《손흥민을 읽다》를 쓸 수는 없지만, 나에게는 차범근도 박지성도 아닌 손흥민이다. 그 시절 대단했던 차범근의 활약을 아무리 설명해 줘도 내 눈에는 인상 좋은 할아버지일 뿐이다. 할아버지라고 부르기가 죄송할 정도로 동안이시긴 하지만, 세월이 느껴지는 얼굴이다. 스펙터클한 축구인생의 희망부터 좌절까지, 뿌듯함부터 허탈함까지 모두 겪어왔다는 것이 너무나도 잘 느껴지는 얼굴이다. 이제 나는 다 컸으니 어린애 취급하지 말라고 하려다가 얼른 말을 삼키게 되는, 그런 세월의 깊이가 느껴진다. 존경심을 바탕으로 팬이 될 수는 있겠으나, 뭣 모르는 십대가 응원하고 열광하기엔 이미 많은 것들을 깨닫고 안정되어 있는 느낌이랄까.

박지성도 은퇴했다. 지금 승부욕 가득한 얼굴로 땀방울을 흘리는 사람은 손흥민이다. 누가 더 잘났는지, 누가 더 대단한지 따지는 것은 의미가 없다. 지금 내가 응원하고 열광할 수 있는 사람은 손흥민이다. 아빠는 축구를 예로 나를 납득시키려다가 실패하신 셈이다.

서태지와 지드래곤을 두고 벌이는 실랑이가 도통 끝날 기미를 보이지 않자, 옛 지식인이 혀를 차며 글 한 구절을 던져 주고 떠났다.

고금(古今)도 따지고 보면 순식간이고, 순식간도 따지고 보면 고금이다. 눈 한번 깜빡이고 숨 한번 쉬는 순식간의 시간이 쌓이고 쌓여 자연스레 고금이 되기 때문이다.
어제와 오늘과 내일이 수레바퀴처럼 억만 번 돌고 돌아 늘 새롭고 새롭다. 이 가운데 태어나고 이 가운데 늙기에, 군자는 '어제와 오늘과 내일, 3일'을 마음속 깊이 간직하여 생각하며 살아간다.

-이덕무 《청장관전서》 '선귤당농소(蟬橘堂濃笑)'

이덕무가 시간에 대해 쓴 글이다. 조선 후기의 학자인 이덕무는 어제와 오늘과 내일이 수레바퀴처럼 수없이 돌고 돌아 늘 새롭고 새롭다고 말한다. 어제와 오늘과 내일이 모두 소중하다는 뜻이다.

오늘이 어제가 되어야 내일이 오늘이 된다. 오늘이 마음에 들지 않는다고 해서 하루를 없앨 수는 없다. 마음에 들지 않는 '오늘'을 '어제'로 인정하고 '오늘'이 된 '내일'을 잘 사는 것이 맞다. 어제가 있어야 역사가 있고, 역사가 있어야 같은 실수를 반복하지 않고, 같은 실수를 반복하지 않아야 오늘이 아름답다. 오늘이 아름다워야 내일을 꿈꿀 수 있고, 내일을 꿈꿔야 미래를 가꿀 수 있다. 마찬가지로 오늘이 마음에 쏙 든다고 해서 하루를 연장할 수는 없다. '오늘'이 아무리 찬란히 빛났어도 '어제'로 인정하고 '오늘'이 된 '내일'을 잘 사는 것이 맞다.

차범근과 박지성과 손흥민이 모두 소중하다. 차범근이 있었기에 박지성이 있었고, 손흥민이 나올 수 있었다. 직접 서로를 언급하지 않았더라도, 롤모델로 꼽지 않았더라도, 시간이 그렇게 흘렀다. 차범근은 어제의 역사가 되었고 박지성은 오늘이었으며 손흥민은 내일을 바라본다. 기성세대와 다음 세대는 경쟁 상대가 아니다. 밑거름이 되어 주고, 꽃을 피우고 나면 꽃도 밑거름이 되는 순환이다. 수레바퀴처럼 수없이 교대하면서 돌아가지만 늘 새롭다. 밑거름도 그 위의 꽃도 모두 소중하고 아름답다.

어제와 오늘과 내일이 모두 소중하고 아름답다는 것을 모르지는 않았다. 아빠와 나는 누구의 안티도 아니었으니, 더욱 그렇다. 각자의 스타에게 눈이 멀어 잠시 잊었을 뿐이다. "지드래곤이 서태지만큼 대단하냐?" 아빠의 한 마디를 듣고 서태지를 알아보기 시작했을 때, 나는 적을 알면 백전백승이라고 생각했다. 아빠를 진심으로 이해해 보려는 노력은 이겨먹겠다는 마음으로 변질됐다. 지드래곤의 대단함을 증명하면서도 서태지를 깎아 내리지 않는 성숙함을 보이겠다며 야심차게 팔을 걷어붙였다.

시간이 흐를수록, 서태지와 지드래곤을 경쟁시키며 비교할 수는 없겠다는 생각이 들었다. 기성세대와 다음 세대는 경쟁 상대가 아님을 알게 되었다. 밑거름과 그 위의 꽃은 수레바퀴처럼 수없이 교대하면서 돌아간다는 것을 기억해 냈다. 어제와 오늘과 내일이 모두 소중하고 아름답다는 것을 다시 떠올렸다.

'이해'라는 것이 꼭 논리적이지만은 않다. 누가 언제 어디서 무엇을 어떻게 왜, 육하원칙을 지키며 논리적으로 말해도 다른 사람을 이해시키기는 쉽지 않다. 이해라는 것은 '그렇구나' 한 마디면 된다. 아빠와 내가 서로의 스타를 인정하고, 서로의 팬심을 이해하는 것도 같은 맥락이다. 내가 손흥민을 좋아하듯이 아빠는 차범근을 좋아하셨구나, 이게 끝이다. 나에게 서태지가 중요한 사건이었듯이 딸에게는 지드래곤이 중요한 사건이겠구나, 이게 끝이다. 아빠와 나는 세대 차이를 온몸으로 느끼며 나눈 대화, 토론, 실랑이 끝에 서로를 이해하기로 했다. 마주 앉아서 '그렇구나' 했다. 그런데, 사실 아빠는 '산울림'의 팬이었다고 고백하셨다. 지금도 〈독백〉과 〈청춘〉을 제일 좋아하신단다. 헐.

서태지와 지드래곤은 둘 다 멋지다. 아빠는 서태지 세대였고, 나는 지드래곤 세대이다. 길게 말을 늘어놓았지만 결국 서태지와 지드래곤은 둘 다 멋지다. 이 글을 쓰면서 아빠 세대의 스타였던 서태지 음악을 처음 들었고, 무대를 처음 보았다. 멋진 아티스트를 알게 되어서 좋다. 〈난 알아요〉〈교실 이데아〉〈Come Back Home〉〈너에게〉〈발해를 꿈꾸며〉〈널 지우려 해〉 등 좋은 노래를 들어서 좋다.

그래도 나는 지드래곤이 더 좋다.
아빠의 〈ONE OF A KIND〉는 서태지이고,
딸의 〈ONE OF A KIND〉는 지드래곤이다.

BGM 〈 ONE OF A KIND 〉

I'M JUST WILD & YOUNG I'M JUST WILD & YOUNG DO IT JUST FOR FUN
(HELLO) YES SIR I'M ONE OF A KIND 난 재주많은 곰 No, 곰 보단 여우
(HELLO) YES SIR I'M ONE OF A KIND 난 재수없는 놈 좀 비싼 몸 (GET OUT)

네 형 네 누나 (왜 그래요) 아이고 심심하구나 (여보세요?)
네 형 네 누나 (왜 그래요) 아 잘나가서 아 죄송해요
전화 한 통이면 달려가 1988-0818번 (CALL ME)
어머니 누가 나 좀 말려봐 난 연예가 일급 사건
남다르니까 그게 나니까 뭐만 했다 하면 난리라니까
유행을 만드니까 다 바꾸니까 그니까 이 실력이 어디 어디갑니까?

GET BACK 이건 장난아냐
YOUNG & RICH THAT'S 나란 말이야
IT'S SO UNFAIR SO WHAT 어떡해?
지금 장난하냐? 나 장난아냐

(HELLO) YES SIR I'M ONE OF A KIND 난 재주많은 곰 No 곰 보단 여우
(HELLO) YES SIR I'M ONE OF A KIND 난 재수없는 놈 좀 비싼 몸 (GET OUT)

벌써 2집 나는 안 털어 빈집 내 랩은 그녈 침실로 데려가 눕히지 I'M BUSY
OH BUSY? 내 비즈니스엔 MONEY 꽃이 피지 난 쉬지 않아 내 노랜 건물을 올리지
(LOVE IT)

쪼끄만 놈이 나와 무대를 휙휙 젂어 맘에 영 안 들어 눈에 밟혀 고개를 돌려도 이리저리
가는 곳곳 얘 음악 얘 사진으로 도배돼 미친척해도 없어서 못 팔아
(나 땜에 못 살아?)

GET BACK 이건 장난아냐
YOUNG & RICH THAT'S 나란 말이야
IT'S SO UNFAIR SO WHAT 어떡해?
지금 장난하냐? 나 장난아냐

라라라 예쁘게 좀 봐주세요 욕하지 말아주세요
라라라 귀엽게 받아주세요 사랑해주세요
(HELLO) YES SIR I'M ONE OF A KIND 난 재주많은 곰 No 곰 보단 여우
(HELLO) YES SIR I'M ONE OF A KIND 난 재수없는 놈 좀 비싼 몸 (GET OUT)

네 형 네 누나 (왜 그래요) 아이고 심심하구나 (여보세요?)
네 형 네 누나 (왜 그래요) 아 잘나가서 아 죄송해요
날 따라해요 날 따라해요 다 따라해요 다 따라해요
날 따라해요 날 따라해요 따라따라해요 따라따라해요

(HELLO) YES SIR I'M ONE OF A KIND 난 재주많은 곰 No 곰 보단 여우
(HELLO) YES SIR I'M ONE OF A KIND 난 재수없는 놈 좀 비싼 몸 (GET OUT)

06

사랑,
나도 사랑하고 싶다

권지용이 누구와 연애를 하든 말든 별로 신경 안 쓴다. 솔직히 말하면 관심은 많다.
권지용의 연애는 곧 지드래곤의 연애이기도 하기 때문이다.
내가 궁금한 것은 권지용의 연애가 아닌, 지드래곤의 연애다.
신경을 곤두세우는 지점은 지드래곤의 연애 상대가 아닌, 연애 감정이다.

노래할 것이 그렇게 없남. 아기 곰은 귀엽다며 어깨를 으쓱이던 '곰 세 마리'를 졸업한 이후에 대중가요를 접하면서, 내가 가장 많이 했던 혼잣말이다. 나는 음악을 직업으로 삼는 순간 '사랑'이 극대화되는 마법에 걸리는 것이 분명하다고 생각했다. 마법에 걸리는 것이 아니라면 사랑 노래가 이렇게 많은 비중을 차지할 수는 없다고 확신했다.

시간이 흐르며 알게 되었다. 진짜로, 정말로, 세상 사람들 모두가 어른이 되어 갈수록 '사랑'이 극대화되는 마법에 깊이 빠져든다는 것을 말이다. 사랑이 너를 구원하리라, 사랑이 사람을 존재하게 한다는 식의 말을 하고 싶지는 않다. 나는 거룩한 깨달음을 얻은 것도 아니고, 심지어 연인을 향한 깊고 진한 사랑을 느껴본 적도 없는 어린애다. 내가 알게 된 것은 '사랑'이 주구장창 노래할 만한 가치가 있는 감정이라는 것 정도다. 세상 사람들 모두가 '사랑'이라는 감정을 느끼고, 어떤 주제보다 많은 사람들을 공감하게 만드는 감정이고, 그래서 대중가요에 사랑을 소재로 한 노래가 많을 수밖에 없다는 것을 알았다.

'사랑'을 다양한 각도로 노래할 수 있다는 것을 지드래곤을 통해 알았다. 지드래곤은 섣불리 사랑을 타령하지도 않고, 마음을 꼭꼭 숨기지도 않는다. 비교적 사랑고백보다 이별노래를 많이 하는 편이지만, 감정의 틈을 파고들며 심장의 이곳저곳을 찌른다. 마냥 눈물만 흘리지 않는다. 이별할 때 왠지 후련했던 사람과 이별을 상상조차 하지 않았던 사랑을 모두 노래한다. 한없이 미안했던 사람과 다시는 마주하고 싶지 않은 사랑을 모두 노래한다.

권지용이 누구와 연애를 하든 말든 별로 신경 안 쓴다. 솔직히 말하면 관심은 많다. 권지용의 연애는 곧 지드래곤의 연애이기도 하기 때문이다. 내가 궁금한 것은 권지용의 연애가 아닌, 지드래곤의 연애다. 신경을 곤두세우는 지점은 지드래곤의 연애 상대가 아닌, 연애 감정이다. 연애 상대도 알려주면 힐끔거리겠지만, 그뿐이다. 내가 정말 궁금한 것은 감정이다. 무의식적으로 영감이 왔다고 판단한 그 순간을, 지드래곤이 느낀

그 감정을 궁금해 하는 것이다. 어떤 감정을 느끼고 만든 노래이기에, 무슨 생각을 하고 무대에 섰기에 이토록 내 마음을 울리는지 궁금해 하는 것이다.

좋아하는 연예인의 연애 상대가 궁금하지 않다는 나의 말에 콧방귀를 뀌는 사람도 있겠지만, 거짓말이 아니다. 내가 좋아하는 연예인을 배려하는 것이 아니라, 보여주지 않는 모습을 억지로 볼 생각이 없기 때문이다. 보여주지 않는 것까지 보려고 욕심내지 않아도, 지드래곤은 자신의 감정과 고민을 모두 보여준다. 직접 곡을 쓰는 지드래곤의 앨범에는 그의 연애사와 인생철학이 모두 들어있다. 지드래곤은 자신의 감정과 고민을 모두 노래한다. 어떤 이별을 겪었는지, 어떤 사랑을 키우는 중인지, 어떤 고민에 빠져서 인생을 살아가고 있는지 이야기한다.

"어쨌든 모든 경험은 고스란히 무언가를 만드는데 영감이 된다. (사랑에) 영향을 많이 받는 편이다. 또 꼭 사랑이 아니어도 사람, 환경의 영향을 많이 받는 편이다. 도움이 많이 된다." 지드래곤은 곡을 쓸 때 사랑, 사람, 환경의 영향을 많이 받는다고 말한다. 지드래곤의 사랑, 사람, 환경이 모두 앨범에 스며들었다는 뜻이다.

어쩌면 대중들은 지드래곤의 인생을 실시간으로 지켜보는 것일지도 모른다. 다양한 매체에서 지드래곤의 사소한 일상까지 생중계하고 있다는 뜻이 아니다. 한 사람의 감정과 고민을 보고 듣고 있다는 뜻이다. 앨범을 통해 지드래곤의 사랑, 사람, 환경을 보고 들을 수 있다. 인생 계획이 어떻게 되는지는 몰라도, 어떤 고민을 품고 사는지는 알 수 있다. 누구와 연애를 했는지는 몰라도, 어떤 감정의 흐름을 겪었는지는 알 수 있다.

나는 누구와 사랑하는지 알리는 것보다, 어떤 사랑을 느꼈는지 표현하는 것이 더 공개적인 '사랑'이라고 생각한다. 이보다 공개적인 사랑은 없다. 일부 팬들은 연애 자체를 안했으면 좋겠다고 말하지만, 소속된 회사에서도 막지 않는 연애를 팬들이 막으면 두 번 다시 지드래곤을 무대에서 볼 수 없을 것이다.

사랑이 없는데 곡을 쓸 수는 없고, 제대로 된 곡이 없는데 무대를 꾸밀 수는 없고, 지드래곤은 억지로 무대에 서려고 하지 않을 것이다. 지드래곤의 신규 앨범과 무대에 열광하며 권지용의 사생활에는 신경을 끄는 것이 맞다. 만약 그가 공개 연애를 하면 데뷔 후 처음 벌어진 상황에 낯설고, 커플을 바라보는 솔로의 입장으로 배가 아프겠지만, 금세 잊어버리는 것이 맞다.

 '문장'이라는 것이 반드시 새롭고 기이한 생각이 떠오르기를 기다리거나 색다른 말로 꾸민 다음에야 이루어진다면, 평생 동안 아름다운 글을 몇 편이나 지을 수 있겠는가?
 길가나 골목에서 부녀자와 어린애들이 밥 먹고 차 마시며 항상 하는 말을 가져다가 글에 넣어도 색다르고 훌륭한 문장이 되곤 한다. 사람들이 아침 저녁으로 자주 듣고 말하니 너무나 익숙해서 글 속에 넣을 생각을 미처 하지 못했을 뿐이다.
 대개 사람들은 다른 사람이 지은 아름다운 글을 보면 크게 감탄하며 말한다. "이 글에 나타난 뜻은 누구나 모두 알고 있는 것인데, 왜 이런 글을 짓지 못하는 것일까?" 그러나 감탄만 할 줄 알고 자신은 아름다운 글을 짓지 못하는 이유는 무엇인가? 일반적인 생각과 다르게 바꾸어 생각해 보거나 미루어 헤아리지 못하기 때문이다. 미루어 헤아려 생각하는 일을 능숙하게 할 수만 있다면, 아름다운 글을 지을 수 있는 좋은 표현을 얼마든지 얻을 수 있을 것이다.

-홍길주 《수여연필》

조선 후기의 학자인 홍길주가 쓴 글이다. 아름다운 글을 짓는 방법에 대한 이야기다. 홍길주는 일상적이고 평범한 이야기로도 색다르고 훌륭한 글을 쓸 수 있다고 설명한다. 반드시 새롭고 기이한 생각이나 색다른 말로 꾸며야 한다면, 훌륭한 글을 평생 몇 편이나 지을 수 있겠냐고 물었다. 옳은 말씀이다. 옛 지식인들은 참으로 현명하다. 또한 현실적이다. 홍길주는 사물이나 대상을 상식과 다르게, 평소와 다르게 볼 줄 알아야 한다고 말했다. 거꾸로 보든 뒤집어 보든, 일상적이고 평범한 이야기를 색다르게 바라보면 훌륭한 글이 나온다는 것이다.

예술의 준비물은 특별할 것이 없다. 예술은 일상적이고 평범한 것을 예~술로 만드는 일이다. 관객으로 하여금 '모두 알고 있는 것'인데도 '색다르고 훌륭'하다며 감탄하게 만드는 일이다. 예~술이라고 말하게 만드는 일이다. 글을 짓는 것도 노래를 부르는 것도 마찬가지다. 아티스트는 입버릇처럼 하던 말도 그냥 흘날리지 않고 풀어내며 글을 짓는다. 항상 뛰었으니까 오늘도 뛰는 줄 알았던 가슴의 설렘을 새삼스럽게 노래한다. 아티스트는 외계인도 아니고, 심장이 별 모양인 것도 아니다. 아티스트는 일상적이고 평범한 것을 새삼스럽게 들춰 내는 사람이다.

지드래곤의 심장은 별 모양이 아니다. 무대를 꾸미는 방식도 특이하고 추구하는 패션도 범상치 않다고는 하지만, 심장이 두 개인 것도 아니고 별 모양인 것도 아니다. 지드래곤은 '모두 알고 있는 것'을 재료로 '색다르고 훌륭'한 음악을 하는 아티스트다. 그 중에서도 '사랑'이라는 감정을 재료로 노래할 때가 많다. 지드래곤이 특이한 것은 사랑을 표현하는 방법이 일반인과 다르기 때문이다. 내 옆구리를 따뜻하게 해주는 연인에게만 사랑을 속삭이는 일반인과 달리, 가수는 대중 앞에서 공개적으로 사랑을 속삭인다.

곡을 직접 쓰는 지드래곤은 속삭이는 말도 직설적인 스타일이다. 〈HEARTBREAKER〉는 여자 때문에 가슴이 찢어진다는 노래고, 〈집에 가지마〉는 정말 집에 가지 말라는 노래다. 일상적이고 평범한 '사랑'을 색다르게 바라보며 풀어내고 노래한 지드래곤의 심장은 별 모양이 아니다.

무대를 꾸미는 방식도 특이하고 추구하는 패션도 범상치 않다고는 하지만, 심장이 두 개인 것도 아니고 별 모양인 것도 아니다. 지드래곤은 '모두 알고 있는 것'을 재료로 '색다르고 훌륭'한 음악을 하는 아티스트다. 그 중에서도 '사랑'이라는 감정을 재료로 노래할 때가 많다. 지드래곤이 특이한 것은 사랑을 표현하는 방법이 일반인과 다르기 때문이다. 내 옆구리를 따뜻하게 해주는 연인에게만 사랑을 속삭이는 일반인과 달리, 가수는 대중 앞에서 공개적으로 사랑을 속삭인다.

다. 어떤 사람들은 지나치게 솔직하다며 낯뜨거워하지만, 그 솔직함이 지드래곤의 매력이다.

'사랑'을 주로 노래하다 보니, 오해를 사기도 한다. 항상 이별의 슬픔에 빠져 있다고, 매일 연애만 한다고 말이다. 내가 보기엔 다들 비슷하다. 연예인이나 일반인이나, 지드래곤의 솔직한 표현을 좋아하는 사람이나 낯뜨거워하는 사람이나, 별반 다르지 않다. 하나밖에 없는 심장이 별 모양이 아닌 것도, 사랑을 마주하면 쿵쾅거리는 것도 똑같다. 1년 365일 연애를 꿈꾸는 것도, 사랑을 갈구하는 것도, 어쩌면 그래야 사람이다. 글자도 비슷하다. 사랑해야 사람이다.

'사랑'에 울고 웃는 것은 지드래곤이나 팬들이나 똑같다. 사랑을 노래하느냐, 사랑노래를 듣느냐의 차이가 있을 뿐이다. 지드래곤은 항상 뛰었으니까 오늘도 뛰는 줄 알았던 가슴의 설렘을 새삼스럽게 노래한다. 대중은 새삼스럽게 부끄럽게 왜 그러냐고 눈을 흘기다가도, 금세 감정이입을 하고 추억을 회상한다. 어떤 사람들은 연애의 시작과 끝을 노래방에서 장식하기도 한다. 사랑고백을 하고, 사랑의 세레나데를 바치거나, 이별 후에 나쁜 X이라며 욕하거나, 가뜩이나 슬픈데 노래까지 슬퍼서 마이크를 붙잡고 엉엉 울고 만다. 노래에 감정이입이 돼서 가능한 이벤트고, 노래에 감정이입이 돼서 벌어지는 불상사다.

계속 말하다보니, 연애코치가 된 기분이다. 나도 안다. 내가 이야기하는 '사랑'만큼 설득력이 떨어지는 주제도 없다는 것을 안다. 솔로인 청소년이 사랑을 이야기하는 것만큼 이상한 일도 없다는 것을 안다. 차라리 사회문제를 다루고 교육문제를 다루면 '얘가 세상을 알아가는 중이구나' 하며 읽을 수도 있고, '이렇게 생각하는 사람도 있구나' 하며 읽을 수도 있을 텐데 말이다.

첫사랑 정도가 나에게 어울리는 사랑일 것이다. 솔직히 말하면 나는 첫사랑도 헷갈렸다. 연인의 개념으로 처음 짝사랑한 사람인가, 정식으로 교제를 했던 사람인가. 사랑한다고 고백했다가 차인 사람인가, 내가 거절했지만 후회됐던 사람인가. 짝사랑은 사랑인가? 사랑이지. 십대의 사랑은 사랑인가? 사랑이지. 근데 좋아하는 것과 사랑하는 것의 차이는 뭘까.

아직도 '사랑'에 대해 완전히 알지는 못한다. 잘 알지 못해서

환상도 크다. 그래도 첫사랑의 기준을 결론내리긴 했다. 내가 생각하는 첫사랑의 기준은 '사랑'이 무엇인지 생각하게 만드는 사람이다. 어느 순간 좋아한다는 말로 부족하다는 느낌이 드는 사람이다. 짝사랑이든 정식으로 교제를 했든 그건 별로 중요하지 않은 듯하다. 좋아하는 것과는 뭔가 다른 '사랑'을 처음 느끼게 하는 사람이 첫사랑이다.

나는 지드래곤이 계속 연애했으면 좋겠다. 일상적이고 평범한 '사랑'을 색다르고 훌륭하게 노래했으면 좋겠다. 곡을 쓰고, 무대에 서고, 노래했으면 좋겠다. 지드래곤에게 사랑은 무엇인지, 어떤 사랑을 느끼고 있는지 듣고 싶다. 가끔 〈LADY〉같은 노래에서 사랑고백을 받는 여자가 '나'라는 상상을 하는 것도 즐겁다.

나도 사랑하고 싶다. 부모님도 사랑하고 친구도 사랑하지만, 연인을 사랑해보고 싶다. 첫사랑이 아닌 사랑을 해보고 싶다. 첫사랑이 무엇인지 생각할 필요도 없고, 사랑이라는 감정에 대해 고민할 필요도 없는, 그냥 서로 사랑하는 사랑을 해보고 싶다.

사랑,

나도 사랑하고 싶다.

〈 LADY 〉

excuse me miss girl excuse me miss girl
excuse me miss girl excuse me miss girl

oh lady 벌써 가지마요 내게 좀 시간을 줘
my lady 아직 못 다한 말들이 남아 있는걸요
내일해 그러지마요 나에게 네 사랑을 줘
my lady i say yo i say yoyoyoyo

잠깐 실례 excuse me miss 이름은? 나이는? 너 시간있어?
girl 절대 헤치지않아 난 gentleman 그러니까 빨리
what's yo name

사실 두근두근거려 나 땀이 주르륵주르륵 맘이 콩딱콩딱
나도 몰라몰라
성큼성큼 한 발자국 살금살금 우리 애정전선 맑음맑음 here we go
(오늘따라 왠지 기분 좋은 예감이)
설레는 맘 ah-ha 오늘은 말을 걸 수 있을까

oh lady 벌써 가지마요 내게 좀 시간을 줘
my lady 아직 못 다한 말들이 남아 있는걸요
내일해 그러지마요 나에게 네 사랑을 줘
my lady i say yo i say yoyoyoyo

네 눈에 띄게 1. 2 년 쳐다보지 않아 뻘쭘해
곧 넘어올거란 걸 i know (you are the only one girl)

내 모든 걸 다 설명할 순 없겠지만 나도 이런적은 처음이야
너를 본 순간 세상은 멈춰버린걸 내 맘 빼고는
(오늘따라 왠지 기분 좋은 예감이)
간절한 맘 ye-he 네가 내 진심을 알아줄까

oh lady 벌써 가지마요 내게 좀 시간을 줘
my lady 아직 못 다한 말들이 남아 있는걸요
내일해 그러지마요 나에게 네 사랑을 줘
my lady i say yo i say yoyoyoyo

i say yoyoyo let it gogogo 나도 지쳤어 빨리 callcallcall
아직도 내 맘을 모르겠어 너? 이제는 내가 네 맘을 모르겠어 hu
어떻게 하면 날 받아줄지 과연 그 생각들만 하면 어지러 매스꺼워
이젠 포기할까 하다가 또 다시 네 얼굴만 보면 발그레발그레
어쩔 줄 몰라 난 그래

마지막야 멋진 suit를 차려입고 널 닮은 꽃과 목걸이 반지
i love you i need you i wanna be your man baby

oh lady 벌써 가지마요 내게 좀 시간을 줘
my lady 아직 못 다한 말들이 남아 있는걸요
내일해 그러지마요 나에게 네 사랑을 줘
my lady i say yo i say yoyoyoyo

excuse me miss lady tell me what's your name is
where you from baby
excuse me miss lady tell me what's your name is
where you from baby

07

두려움,
두렵지만 두렵지 않다

지드래곤이 계속 두려움을 간직한 음악을 했으면 좋겠다.
팬들을 포함한 '대중'들을 살피고 신경 쓰면서도,
자신만의 음악성이 사라지는 것을 더 두려워했으면 좋겠다.
팬들의 환호에 보답하면서도, 절대 꺾이지 않는 고집을 피웠으면 좋겠다.

"비판의 글은 받아들이지만 '그냥 자살해라' 등 공격적인 댓글들은 상처가 됐다." 쿨한 모습만을 보이던 지드래곤의 조심스러운 고백이다. 지드래곤은 사람들이 던지는 돌에 아파하고, 신경 쓰고 있다. 지드래곤이 사람들의 반응을 어떤 방식으로 얼마만큼 살피는지는 내가 알 길이 없다. 다만 새겨들어야 할 비판의 글과 지워 버려야 할 비난의 글을 구별하려면 양쪽을 모두 읽어 봐야 하므로, 사람들의 반응을 열심히 살피고 있음을 짐작할 수는 있다.

지드래곤은 사람들이 던지는 돌을 두려워하지만, 동시에 두려워하지 않는다. 'YEAH 살기 힘든 세상 나 하나로 위로가 되신다면 / SAY SUPERMAN BATMAN처럼 X.O GOSSIP MAN' 〈GOSSIP MAN〉을 노래한다. 가십거리가 되는 자신의 일상을 비참하게 여기는 대신, 가십맨임을 인정하고 기꺼이 즐겨주겠다는 뜻이다.

아티스트는 대중을 두려워하면서도, 두려워하지 말아야 한다. 대중의 반응을 살필 줄 알아야 하지만, 간섭당해서는 안 된다. 아티스트는 대중의 목소리를 잘 반영하면서도, 똥고집을 부려야 한다. 물론, 어렵다. 균형을 맞추는 일은 어렵다. 그래서 그게 무엇이든 균형을 잘 이루면 '예술'이라고 하는 것이다. 원래 예술은 균형의 미학이다. 맛있는 기름기로 가득하지만 너무 느끼하지는 않은 요리, 가르치려고 들지 않는데도 깨달음을 주는 글, 감미로우면서도 강단이 느껴지는 노래를 '예술'이라고 한다.

균형에 대한 말을 듣다 보면 고개를 끄덕이다가 갸웃거리게 된다. 원래 균형은 모순의 연속이다. 용감하면서도 겸손하게, 집중하면서도 집착하지 않고, 원칙을 지키면서도 자유로워야 한다. 칼로 자르듯이 반으로 나누어 균형을 이룰 수는 없다. 팽팽한 긴장감을 유지하며 51 대 49로 끊임없이 흔들리는 것이 균형이다.

지드래곤은 대중을 두려워하면서도, 두려워하지 말아야 한다. 대중의 목소리를 잘 반영하면서도, 똥고집을 부려야 한다. 51 대 49의 팽팽한 긴장감 위에서 '예술'이 나온다.

근데 말이 쉽지, 대중을 두려워하면서도 두려워하지 않는 것은 대체 어떻게 하는 일인가. 대중의 반응을 살피되 간섭받지는 말라는 것은 대체 어느 나라 말인가. 두려워하면서도 두려워하지 말라고 하면, '그러니까 두려운데 안 무섭고 근데 두렵고 하지만 두렵지 않고 그런데 무서운 거란 말이지?' 두통을 호소하게 된다. 나는 옛 지식인에게서 두통약을 얻었다.

김구용이 《주역》에서 '척약(惕若, 걱정과 두려움)' 두 글자를 따와 자신의 서재에 이름을 붙이고, 내게 그에 관한 글을 부탁하였다. 그러나 내가 어찌 《주역》의 깊은 뜻을 밝혀 서재의 이름에 알맞도록 할 수 있겠는가?

대개 사람들은 서재에 놀며 휴식하는 뜻을 담거나, 즐기며 좋아하는 것을 담거나, 사물에서 빌린 이름을 붙이는 것이 보통이다. 그런데 김구용은 홀로 '척약'으로 서재 이름을 지어 경계를 삼았으니, 어찌 할 말이 없겠는가?

나는 세상을 살아가면서 다른 사람의 걱정을 보면 내 걱정처럼 여겼고, 다른 사람의 두려움을 들으면 내 두려움처럼 여겼다. 걱정과 두려움 때문에 마음이 편하지 못했는데, 이런 생각이 조금만 일어나도 나의 기운이 굶주린 것처럼 불편해졌다. 내가 이런 걱정과 두려움을 모두 잊어버리려고 마음을 평안하게 하고 기운을 가다듬으니, 비로소 나의 호연지기(浩然之氣)를 찾을 수 있었다.

(중략)

그럼 어떻게 경계하고 삼가며 공경하고 두려워해야 하는가? 오히려 학문을 닦지 못하고 덕(德)이 나아가지 않음을 두려워해야 한다. 학문을 닦기를 반드시 넓게 하고, 덕이 나아가기를 반드시 높게 해야 한다. 높아지면 커질 수 있고, 넓어지면 오래 갈 수 있다.

처음에 '척약(惕若, 걱정과 두려움)'으로 시작하면 점점 크고 오래가는 경지까지 이르게 되고, 결국에는 어떤 허물도 없이 아무렇지도 않은 듯 편안해질 것이다. 이렇게 세상과 나라를 다스린다면 아무런 어려움이 없을 것이다.

-백문보 《담암일집》 '척약재설(惕若齋說)'

백문보가 김구용의 서재인 '척약재'에 대해 쓴 글이다. 고려 후기의 문신인 백문보가 이야기한 '척약'은 걱정하고 두려워한다는 뜻이다. 백문보는 학문을 닦지 못하고 덕(德)이 나아가지 않음을 두려워해야 한다고 말한다.

옛 지식인들은 학문을 인정받지 못할까봐 두려워한 것이 아니라, 자신이 학문을 게을리할까봐 두려워했다. 남들에게 좋은 평가를 받지 못하거나, 성에 안 찬다는 말을 들을까봐 두려워하지 않았다. 스스로의 마음에 들지 않거나, 목표한 바를 이룰 수 없을까봐 두려워했다. 남들의 시선을 두려워하지 않았다. 남들의 시선을 의식해서 자신만의 학문을 잃을까봐 두려워했다.

'두려움'은 사람들이 나에게 돌을 던질까봐 걱정하는 것이 전부가 아니다. 내가 포기하고, 굴복하고, 유치해질까봐 걱정하는 마음이 진짜 두려움이다. 두려움과 싸워서 이기지 못할까봐 두려운 마음이 진짜 '두려움'이다. '나 자신과 싸운다'는 보통 오글거리는 자뻑 멘트로 쓰이지만, 원래 옳은 말씀이다. 먼 옛날부터 전해져 온, 멋 훗날까지 전해져 갈 진리다. 아티스트는 자기 자신과 싸워야 한다. 남들의 시선 때문에 거짓말하고, 스스로를 속이지 않도록 경계해야 한다. 사람들의 반응에 연연해서 자신만의 색깔을 잃을까봐 두려워해야 한다.

내가 포기하고, 굴복하고, 유치해질까봐
걱정하는 마음이 진짜 두려움이다.

두려움과 싸워서 이기지 못할까봐 두려운 마음이
진짜 '두려움'이다.

머리 위로 쏟아지는 돌덩이들은 내가 굳이 노력하지 않아도 두렵다. 다른 사람들이 던지는 것이기 때문에 내가 멈출 수도 없다. 반면 나 자신과 싸우는 일은 내가 그만두면 누구도 계속할 수가 없다. 그래서 나태해지기 쉽고, 포기하기 쉽다.

남들에게 좋은 평가를 받지 못하면 굳이 노력하지 않아도 두렵다. 반면 내가 목표한 바를 이루지 못했을 때는 자신도 모르게 합리화시킬 여지가 너무 많다. 합리화의 유혹은 강력하다. 그래서 옛 지식인들도 스스로 학문을 게을리할까봐 두려워하라고 말한 것이다.

욕을 하는 대중이든, 찬사를 보내는 대중이든 아티스트에게 '대중'은 무겁다. 돌을 던질까봐 무섭기도 하고, 실망했을까봐 걱정되기도 하는 존재다. 굳이 노력하지 않아도 대중은 충분히 두렵게 느껴진다. 그래서 아티스트는 대중을 두려워하지 않으려고 노력해야 한다. 그래야 '두려워하면서도 두려워하지 않는' 균형을 이룬다. 작품이 당당할 때 아티스트는 대중을 두려워하지 않는다. 스스로 만족스러운 작품은 대중 앞에서도 당당할 수 있다. 아티스트는 스스로 만족스러운 작품을 만들어야 한다. 누구도 염두에 두지 않고, 대중의 평가에 연연하지 않고

작품을 만들어야 한다. 남들의 시선을 의식해서 자신만의 색깔을 잃을까봐 두려워해야 한다.

지드래곤은 끊임없이 두려워해야 한다. 하지만 돌 던지는 사람들에게 겁먹을 시간은 없다. 공격적인 댓글을 보며 마음 쓸 시간은 없다. 악플을 보고 눈물을 흘릴 시간에, 영화를 보고 감동의 눈물이 흘러야 한다. 지드래곤은 그 시간에 노래를 한 곡 더 들어야 한다. 친구를 한 명 더 만나야 한다. 잠을 좀 더 자야 한다. 곡을 하나 더 써야 한다. 남들이 싫어할까봐 두려워하지 말고, 자신만의 음악성을 잃을까봐 두려워해야 한다. 노래하고 싶은 이야기가 사라질까봐 두려워해야 한다. 음악으로 표현해내는 감각이 무뎌질까봐 두려워해야 한다. 지나친 자기검열로 유치하고 뻔해진 노래를 멀리해야 한다. 지난 앨범보다 더 지드래곤다운 모습을 보이려고 욕심내야 한다. 자기 자신과 싸워야 한다.

지드래곤이 계속 두려움을 간직한 음악을 했으면 좋겠다. 팬들을 포함한 '대중'들을 살피고 신경 쓰면서도, 자신만의 음악성이 사라지는 것을 더 두려워했으면 좋겠다. 팬들의 환호에 보답하면서도, 절대 꺾이지 않는 고집을 피웠으면 좋겠다.

겁을 먹고 공포감을 느끼면 몸에 힘이 들어가고 경직되게 된다. 어깨에 힘을 줄수록 허세를 부릴수록 두려움은 공포감으로 바뀐다. 진짜 아티스트는 두려움과 마주했을 때 경직되지 않고, 솔직해진다. 자신만의 색깔, 전하고 싶은 이야기, 표현능력과 감각이 사라질까봐 두려울수록 힘을 빼고 솔직해진다. 지드래곤은 진짜 아티스트다. 두려움과 마주했을 때 경직되지 않고, 솔직해진다. 지드래곤의 앨범은 솔직한 생각과 감정으로 가득하다. 지드래곤은 '대중'에게서 받는 부담감을 솔직함으로 떨쳐 낸다.

지드래곤은 자신의 음악으로 팬들을 홀리며 매력을 뽐내지만, 결국 자신이 하고 싶은 음악만을 한다. 사람들이 공감하기를 바라며 노래하지만, 대중의 눈치를 보며 머뭇거리지는 않는다. 〈GOSSIP MAN〉 노래에서 알 수 있다. 지드래곤은 이미 '두려움'의 균형을 잡고 있는 아티스트다. 대중을 두려워하면서도, 두려워하지 않는다.

지드래곤은 두려움을 간직한 음악을 한다.

〈 GOSSIP MAN 〉

EMERGENCY EMERGENCY EMERGENCY
EMERGENCY

HEY MAN 오늘의 GOSSIP거리는 또 뭔데
하루도 잠잠할 수가 없대 왜 넌 왜
EVERYBODY ATTENTION PLEASE (I AM GOSSIP MAN)

(WASSUP!) LADIES & GENTLEMEN HO
THEY CALL ME GOSSIP MAN U KNOW
알만한 사람들은 다 알죠 사실은 그게 다가 아닌데
오늘은 난 카페에서 여자한테 얼굴에 물을 맞았대
어제는 난 골목에서 어떤 남자한테 발로 걷어 차였대
누가? 내가? NO LIE 내 소문은 무성해 수많은 눈들이 너무 무섭네
이젠 뭐 이 정도는 웃어내 예전엔 울기도 많이 울었네
그럴수록 입들은 더 부풀었네 생각은 길게 말은 줄였네
세상아 내 인생 물어내

BECUZ YOU'RE COOL COOL YES I AM COOL COOL
어쩌면 즐길 수도 그래 재미있을 수도
YEAH 심심한 세상 나 하나로 즐거워진다면
SAY SUPERMAN BATMAN처럼 X.O GOSSIP MAN

HEY MAN 오늘의 GOSSIP거리는 또 뭔데
하루도 잠잠할 수가 없대 왜 넌 왜
EVERYBODY ATTENTION PLEASE (I AM GOSSIP MAN)

학교에서 회사에서 일터에서 또는 집까지
TV CD RADIO MP3 HOT NEWS MAGAZINE까지
뭔가를 기다리고 있어 지루한 일상 속에서 자 오늘 준비한 이야기 거리 나갑니다
오늘 부로 기자님들의 펜은 불이나 실시간 검색 순위가 보이나
많은 네티즌 손가락엔 무리가 사태는 심각 그 이상
우리나라는 뜨거운 냄비 눈 깜짝하면 식을테지
유행? DO YOUR THANG 품행? ZERO DO MA THANG

BECUZ YOU'RE COOL COOL YES I AM COOL COOL
어쩌면 즐길 수도 그래 재밌을 수도
YEAH 살기 힘든 세상 나 하나로 위로가 되신다면
SAY SUPERMAN BATMAN처럼 X.O GOSSIP MAN

HEY MAN 오늘의 GOSSIP거리는 또 뭔데
하루도 잠잠할 수가 없대 왜 넌 왜
EVERYBODY ATTENTION PLEASE (I AM GOSSIP MAN)

뭔 말들이 그리 많은지 대체 뭐가 그렇게 궁금한 건지
각자의 인생 불필요한 논쟁 상관 말고 일어나라 GO ON BOY LET HIM GO
HEY MAN 오늘의 GOSSIP거리는 또 뭔데
하루도 잠잠할 수가 없대 왜 넌 왜
EVERYBODY ATTENTION PLEASE (I AM GOSSIP MAN)

ALRIGHT! I'M DONE YO
WHAT'S MY NAME? SAY GOSSIP MAN
YOU KNOW WHAT IT IS
EVERYBODY ATTENTION PLEASE
I AM GOSSIP MAN

08

시간,
지드래곤은 권지용에게 휴식을 허하라

> 나는 지드래곤이 '준비'하지 않고 '휴식'하는 시간을 맘껏 누렸으면 좋겠다.
> 내일을 위한 '완벽한 준비'에 힘을 쏟지 않고, 오늘을 위한 '완전한 휴식'에 취했으면 좋겠다.
> 어쩌면 일보다 더 중요하고, 더 먼저 챙겨야 할 것이 바로 '휴식'이기 때문이다.

지드래곤은 바쁘다. 방송에도 나와야 하고, 콘서트도 해야 하고, 다음 앨범 작업도 해야 한다.

스스로의 음악적인 욕심도 채워야 하고, 회사가 짜준 일정도 소화해야 하고, 팬들의 기다림과 기대감도 만족시켜야 한다. 솔로로 활동하면서도 그룹 '빅뱅'을 잊어서는 안 된다. 곡을 직접 쓰는 지드래곤은 자신의 솔로앨범과 빅뱅의 앨범에 들어갈 곡들도 만들어야 한다.

무대를 즐긴다, 음악을 사랑한다, 팬 분들과 만나는 시간이 즐겁다, 물론 그렇다. 하지만 지드래곤은 '가수'가 '직업'이다. 결국 '음악'은 그의 '일'이다. 일을 즐기는 것일 뿐, 휴식을 취하는 것이 아니다. 무대 위에서 보내는 시간, 곡을 쓰는 시간, 안무를 몸에 익히는 시간은 엄연한 근무시간이다. 직장에 다니는 사람도 학교에 다니는 학생도 기본은 주 5일 근무다. 어림잡아도 일 년에 최소한 100일은 쉰다. 지드래곤도 사람이니,

최소한 100일은 쉬어야 한다.

100일마다 컴백을 하라는 소리가 아니다. 그 시간은 곡을 쓰지 않고, 안무 연습도 하지 않는 완전한 '휴식'을 뜻한다. 공백기는 '휴식'과 '준비'가 합쳐져 있다. 다음 앨범을 준비하는 것은 휴식이 아니다. 제대로 휴식을 취하려면 내일을 준비하지 말아야 한다. '휴식'은 오늘을 곱씹으며 미소짓는 것이고, '준비'는 내일을 그려보며 설레는 것이다.

무대에서 빛나는 순간만을 인생이라고 할 수는 없다. 무대를 즐기며 휘젓고 다니는 시간만을 지드래곤의 인생이라고 할 수는 없다. 드러나지 않는 시간도 시간이다. 관객에게 보여주지 않는 표정도, 대중에게 알리지 않는 속마음도, 팬들과 함께하지 않는 시간도 모두 그의 것이다.

'휴식'하는 시간도 지드래곤의 시간이다. 여독을 풀기 위해 휴식을 취하는 지드래곤, 콘서트 뒤풀이에서 술잔을 기울이는 지드래곤, 집에서 널브러진 채로 있다가 스르륵 잠드는 지드래곤, 예쁜 것 멋진 것 혹은 잘 어울리는 것을 쇼핑하는 지드래곤, 음악을 크게 틀어놓고 놀면서 스트레스를 푸는 지드래곤,

심심해서 친구에게 전화를 거는 지드래곤이 모두 '지드래곤'이다. 노래하는 지드래곤만 지드래곤인 것은 아니다. 열심히 일하는 시간과 휴식을 취하는 시간이 모두 그의 삶이다.

　나의 벗 홍군(洪君)은 금양의 별장에서 사는데, 그곳 산수의 풍경이 몹시 아름답다. 임오년 여름날 그의 정자에서 즐거운 모임이 있었다. 그때 술이 서너 차례 돌자, 홍군이 술잔을 치켜들고 말하길 "나는 대를 이어 이곳에 살아서 정자의 나무가 이제 큰 나무가 되었네. 그런데 아직껏 정자의 이름조차 써 붙이지 못하고 있으니, 어찌 부끄럽지 않겠는가!" 하였다.

　그 말을 듣고 내가 "서글프도다. 그대는 인생에 지극한 즐거움이 있어도 즐거움으로 여기지 않고, 지극한 병이 있어도 병으로 여기지 않음을 아는가?" 하고 물으니, 홍군은 "모른다." 하였다.

　그래서 나는 이렇게 말해 주었다.

　사람의 병이란 쉴 줄 모르는 것인데, 세상은 쉬지 않는 것을 즐거움으로 여긴다. 사람의 생명은 그다지 길지 않아 백 년의 수명을 누리는 사람은 만 명 중에 하나 둘에 그칠 뿐이다. 설령 백세를 산 사람이라고 하더라도, 어렸을 때와 늙고 병든 햇수를 제외하면 건강하게 산 시간은 40~50년에 지나지 않는다. 또한 그 사이에 성공과 실패, 영화로움과 욕됨, 즐거움과 슬픔, 이로움과 해로움이 병이 된 경우나 정신과 기운을 해친 경우를 제외하면 즐겁게 웃으며 상쾌하게 쉴 수 있는 날 역시 몇 달에 불과하다. 그런데도 세상 사람들은 백 년도 못 살면서 근심과 걱정을 끝없이 감당하고 골몰하느라 끝내 쉴 날을 기약하지 못한다.

-강희맹 《동문선》 '만휴정에 대한 기(萬休亭記)'

지극한 즐거움이 있어도 즐거움으로 여기지 않고, 지극한 병이 있어도 병으로 여기지 않는다. 사람의 병이란 쉴 줄 모르는 것인데, 세상은 쉬지 않는 것을 즐거움으로 여긴다. 강희맹의 글이다. 휴식에 대해 이야기하고 있다.

부끄러워해야 한다. '만휴정에 대한 기'를 쓴 강희맹은 조선 초기의 문신이다. 강산이 수도 없이 변했을 세월 동안 우리는 즐거움을 즐거움으로 여기지 않고, 병을 병으로 여기지 않는 잘못을 고쳐 놓지 못했다. 여전히 사람은 쉴 줄 모르는 병을 앓고 있다. 여전히 세상은 쉬지 않는 것을 즐거움으로 여긴다. 휴식을 취하지 않는 사람을, 브레이크 없는 차를 타고 달리는 사람을 열정적이라고 치켜세우는 것은 변함이 없다. 언젠가 반드시 사고가 날 것임을 알면서도 외면하는 것은 변함이 없다.

강희맹의 말에 따르면, 백 년을 살아도 어렸을 때와 늙고 병든 날들을 제외하면 건강하게 살아가는 시간은 불과 40~50년에 지나지 않는다. 또한 그 사이에 성공과 실패, 즐거움과 슬픔 등이 내게 병이 되고 정신과 기운을 해친 경우를 제외하면 즐겁게 웃으며 상쾌하게 쉴 수 있는 날은 겨우 몇 달에 불과하다. 강희맹은 백 년도 살지 못하면서 끝도 없는 근심과 걱정에 골몰하느라고 쉬지도 못하는 삶을 살면 되겠느냐고 말했다.

어쩌면 삶에서 '휴식'이 가장 중요할지도 모른다. 가장 먼저 챙겨야 할 일인지도 모른다. 강희맹이 쓴 '만휴정에 대한 기(萬休亭記)'는 쉬어야 할 이유가 만 가지나 된다는 뜻을 가지고 있다. 그만큼 '휴식'이 중요하다는 뜻으로 받아들이면 될 듯하다. 일에 지쳐서 뻗는 것은 휴식이 아니다. 휴식은 모든 일을 해내고 나서 이뤄지는 포상이 아니다. 휴식은 절대 뒷전이 되어서는 안 된다.

건강한 어른으로 일하며 살아가는 날들은 얼마 되지 않는다. 인생의 절반을 일하며 살려면 태어나자마자 하루 12시간씩 죽을 때까지 일해야 한다. 불가능하다. 사람은 인생의 절반도 일하지 못한다. 개인의 차이가 있겠지만, 잠만 자도 하루 24시간 중 8시간이 빠진다. 사람은 태어나서 '휴식'으로 가장 많은 시간을 보낸다. '휴식'을 가장 중요시하고, 가장 우선시해야 하는 이유다. 잘 쉬어야 인생이 아름다워진다.

지드래곤은 5살에 꼬마 룰라로 활동했었고, '2001 대한민국 Hiphop Flex-G-Dragon'으로 활동했을 때의 나이는 13살이었다. 지드래곤은 2006년에 그룹 '빅뱅'으로 데뷔해서 지금까지 노래하고 있다. JTBC 뉴스룸에 출연한 지드래곤은 "**군대는 갈 때 가야죠.**"라고 말했다. "**군대 다녀오셔도 그 감성 잃지 않으시기 바랍니다.**"라는 앵커의 말에 "**그게 저의 가장 큰 고민입니다. 잃지 않겠습니다.**"라고 답했다. 또 다른 인터뷰에서는 "**좋은 사람이 나타나면 빨리 결혼을 하고 싶다.**"고 말하기도 했다.

노래하는 순간만을 지드래곤의 인생이라고 할 수는 없다. 꼬마 룰라로 활동했을 때, 힙합 앨범에 참여했을 때, 빅뱅으로 활동하는 지금, 군 생활을 하게 될 시간, 가정을 꾸리고 아이를 키우게 될 시간, 나이 들어가는 나날들이 모두 지드래곤의 인생이다.

흔히 시간을 물에 비유한다. 시간은 멈추지 않고 흐른다. 물처럼. 계곡에서 바위를 맞닥뜨리고 두 갈래로 갈라지는 물도 물이다. 폭포에서 한꺼번에 떨어져 내려오는 물도 물이다. 잔잔하게 흐르는 물도 물이고, 크게 일렁이는 물도 물이다. 흐르는 물은 모두 바다가 된다. 흐르는 물이란 결국 바다가 되는 것이다. 물이 흐르고 흘러서 바다가 되는 과정은 항상 스펙터클한 것도 아니고, 항상 평온한 것도 아니다.

인생도 그렇지 않을까. 흐르는 물은 결국 바다가 되듯이, 흐르는 시간은 결국 인생이 된다. 기쁨으로 성공을 만끽하는 시간도 슬픔으로 실패를 감당하는 시간도 모두 '나'의 시간이다. 일하는 '나'의 시간도 휴식하는 '나'의 시간도 끝까지 흐르고 보면 결국 나의 인생이 된다. 시간이 흐르고 흘러서 인생이 되는 과정은 항상 스펙터클한 것도 아니고, 항상 평온한 것도 아니다.

〈하루하루〉가 모두 나의 시간이며, 삶이다. 그래서 인생은 전반전 후반전 연장전 할 것 없이 모두 죄다 엄청나게 소중하고 중요하다. 내 생각에는 그렇다.

그래서 나는 지드래곤의 휴식을 응원한다. 지드래곤은 갈 길이 먼 아티스트다. 이미 정상에 있는 톱스타이고 유명한 가수지만, 아직 전반전에 불과하다. 해트트릭을 했어도 전반전은 전반전이다. 경기가 끝나려면 아직 멀었다. 지드래곤은 선발로 출전해서 풀타임을 소화해낼 최고의 선수다. 빅뱅의 리더라는 주장 완장까지 차고 있다.

지드래곤은 하고 싶은 것도 많고 해야 하는 것도 많다. 꼬마 룰라로 활동했을 때부터 빅뱅으로 활동하는 지금까지 그래왔던 것처럼 계속 노래하며 살아갈 아티스트다. 군 생활을 마치고 나서도, 가정을 꾸리고 아이를 키우면서도, 나이가 들면서도 계속 음악에 빠져서 살아갈 아티스트다. 음악적인 욕심도 많고 기다리는 팬들도 많은 아티스트다. 지드래곤은 후반전 연장전까지 뛰어야 할 선수다. 눈앞에 있는 공에 집중하면서도, 멀리 봐야 한다. 슛을 할 때는 최선을 다하되, 경기를 이끌어 갈 힘은 남겨 둬야 한다.

공백기는 '휴식'과 '준비'가 합쳐져 있다. 내일을 준비하는 것은 휴식이 아니다. 나는 지드래곤이 '준비'하지 않고 '휴식'하는 시간을 맘껏 누렸으면 좋겠다. 내일을 위한 '완벽한 준비'에 힘을 쏟지 않고, 오늘을 위한 '완전한 휴식'에 취했으면 좋겠다. 어쩌면 일보다 더 중요하고, 더 먼저 챙겨야 할 것이 바로 '휴식'이기 때문이다.

지드래곤이 〈하루하루〉를 소중하게 여겼으면 좋겠다. 〈하루하루〉 사랑하고, 〈하루하루〉 이별하며 일상을 살았으면 좋겠다. 완전한 휴식 속에서도 감정과 경험은 계속해서 쌓일 것이고, 지드래곤은 또 그렇게 영감을 얻게 될 것이다. 근무시간으로 돌아와서 음악을 할 때, 완전한 휴식을 취했던 그 시간들은 틀림없이 엄청난 자양분이 되어 줄 것이다.

잘 쉬어야 인생이 아름다워진다.
나는 지드래곤을 오랫동안 보고 싶다.
그래서 나는 지드래곤의 휴식을 응원한다.

지드래곤은 권지용에게 휴식을 허하라.

<하루하루>가 모두 나의 시간이며, 삶이다.

그래서 인생은
전반전
후반전
연장전
할 것 없이 모두 죄다 엄청나게 소중하고 중요하다.
내 생각에는 그렇다.

그래서 나는 지드래곤의 휴식을 응원한다.
지드래곤은 갈 길이 먼 아티스트다.
이미 정상에 있는 톱스타이고 유명한 가수지만,
아직 전반전에 불과하다.

해트트릭을 했어도 전반전은 전반전이다.

경기가 끝나려면 아직 멀었다.
지드래곤은 선발로 출전해서 풀타임을 소화해낼 최고의 선수다.
빅뱅의 리더라는 주장 완장까지 차고 있다.

BGM

〈 하루하루 〉

떠나가

ye the finally I reallize that I'm nu'ttin without you

i was so wrong forgive me

ah ah ah ah- 파도처럼 부숴진 내 맘 바람처럼 흔들리는 내 맘

연기처럼 사라진 내 사랑 문신처럼 지워지지 않아

한숨만 땅이 꺼지라 쉬죠 내 가슴속에 먼지만 쌓이죠 (say good bye)

ye 네가 없이는 단 하루도 못 살 것만 같았던 나

생각과는 다르게도 그럭저럭 혼자 잘 살아

보고 싶다고 불러봐도 넌 아무 대답 없잖아

헛된 기대 걸어봐도 이젠 소용없잖아

네 옆에 있는 그 사람이 뭔지 혹시 널 울리진 않는지

그대 내가 보이긴 하는지 벌써 싹 다 잊었는지

걱정되 다가가기 조차 말을 걸 수 조차 없어 애 태우고

나 홀로 밤을 지새우죠 수백번 지워내죠

돌아보지 말고 떠나가라 또 나를 찾지 말고 살아가라

너를 사랑했기에 후회 없기에 좋았던 기억만 가져가라

그럭저럭 참아 볼만해 그럭저럭 견뎌 낼만해

넌 그럴수록 행복해야 돼 하루하루 무뎌져 가네

oh girl i cry cry yo my all say goodbye

길을 걷다 너와나 우리 마주친다 해도 못 본 척 하고서 그대로 가던 길 가줘
자꾸만 옛 생각이 떠오르면 아마도 나도 몰래 그댈 찾아갈지도 몰라

넌 늘 그 사람과 행복하게 넌 늘 내가 다른 맘 안 먹게
넌 늘 작은 미련도 안 남게 곰 잘 지내줘 나 보란 듯이
넌 늘 저 하늘같이 하얗게 뜬 구름과도 같이 새파랗게
넌 늘 그래 그렇게 웃어줘 아무일 없듯이

돌아보지 말고 떠나가라 또 나를 찾지 말고 살아가라
너를 사랑했기에 후회 없기에 좋았던 기억만 가져가라
그럭저럭 참아 볼만해 그럭저럭 견뎌낼 만해
넌 그럴수록 행복해야 돼 하루하루 무뎌져 가네

나를 떠나서 맘 편해지길 나를 잊고서 살아가줘
그 눈물은 다 마를 테니 하루하루 지나면
차라리 만나지 않았더라면 덜 아플 텐데 um
영원히 함께하자던 그 약속 이젠 추억에 묻어두길 바래 baby
널 위해 기도해

돌아보지 말고 떠나가라 또 나를 찾지 말고 살아가라
너를 사랑했기에 후회 없기에 좋았던 기억만 가져가라
그럭저럭 참아 볼만해 그럭저럭 견뎌낼 만해
넌 그럴수록 행복해야 돼 하루하루 무뎌져 가네

oh girl i cry cry yo my all say goodbye bye
oh my love don't lie lie yo my heart say good bye

09

공간,
나는 또다시 콘서트장으로 향할 것이다

음악이 휘어놓은 공간에서 지드래곤을 만나, 함께 춤추면 된다.
나와 지드래곤을 이어주는 책장, 맞닿는 경계는 음악이다.
또한 그 휘어진 공간을 감싸고 있는 것도 음악이다.

〈HIGH HIGH〉는 내가 신명나고 싶을 때 듣는 노래다. 지드래곤은 탑과 함께 자신이 얼마나 잘났는지 노래한다. 같이 놀자고 한다. 'HIGH HIGH'를 외치는 노래를 듣다 보면 클럽에 와 있는 느낌이다. 사실 나는 클럽도 안 가봤고 술도 마셔본 적 없지만, 내 안의 흥이 날뛰는 경험은 많이 한다. 딱히 아름다운 실력은 아니지만, 그때마다 음악이 가진 매력을 온몸으로 느끼며 막춤을 춘다. 지드래곤이 나를 그렇게 만든다.

〈HIGH HIGH〉는 내가 신명나고 싶을 때 듣는 노래다. 계속 되는 시행착오에 지쳤을 때, 그래서 왠지 자신감이 떨어졌을 때 찾게 된다. 위로하거나 응원하는 어른들 대신 함께 놀자고 부르는 친구가 필요할 때 듣는 노래다. 난 내가 밋밋해서 봐 줄 수가 없을 때 〈HIGH HIGH〉를 크게 틀고 즐긴다. 〈HIGH HIGH〉는 나를 의욕으로 가득하게 만드는 노래고, 공간을 흥으로 넘치게 만드는 노래다.

나는 청소년이지만 학교 대신 부모님과 함께하는 작업실 공간에서 공부한다. 나는 작업실에서 놀고, 공부하고, 부모님의 일을 구경하고, 함께 일하기도 한다. 처음에는 학교 교실과 전혀 다른 모습에 적응하지 못했다. 학교에서는 책상 하나가 전부였던 나의 공간은 갑자기 너무 넓고 자유로워졌고, 눈 비비며 인사했던 선생님도 없었다. 그래서 좋았지만, 난감했다. 작업실을 활용하기는커녕 내가 잡아먹힐 것 같았다. 부담스러웠다. 부모님의 일터에서 괜히 뛰어다니는 어린애가 된 것 같았다.

그때부터 본격적으로 음악을 틀었다. 낯설다는 느낌으로 가득한 작업실을 음악으로 채웠다. 나는 매일 아침, 음악으로 작업실을 깨운다. 아침청소를 하는 동안 힘을 발휘하는 음악은 작업실의 구석구석까지 아침을 알린다. 밤새 잠들어 있던 작업실을 활기차게 만들고, 잠이 덜 깬 정신을 의욕으로 가득하게 만든다. 날씨를 고려한 음악 재생 목록은 작업실을 자연과 어우러지게 한다. 쨍쨍한 해, 촉촉한 비, 찬바람, 꽃가루, 싱그러운 이파리, 쓸쓸하다고 말하기엔 너무 예쁜 낙엽, 쌓여가는 눈과 자연스럽게 어울린다. 아티스트들은 굉장히 부지런하다. 이 모든 것과 어울리는 노래들을 빠짐없이 들려준다.

나는 음악으로 공간을 장악한다. 작업실은 내가 선택한 노래로 내가 원하는 분위기를 풍기게 되었다. 음악은 손길이 닿지 않는 곳까지 파고들고, 그 덕에 공간은 풍요로워진다. 컴퓨터의 미묘한 소음 속에서 건조하게 시작될 수도 있었던 하루가 음악으로 아름답게 시작된다. 지드래곤은 풍요로운 나의 공간을 만드는 일에 큰 몫을 해주는 아티스트다. 지드래곤은 노래로 공간의 분위기를 변화시키는 힘을 지녔다. 남들은 모르겠지만 적어도 나에게는 그렇다. 나는 신명나는 공간이 필요할 때 〈HIGH HIGH〉를 찾는다.

음악은 빠르다. 준비운동도 필요하지 않다. 0초부터 음악은 시작된다. 1초부터 음악에 빠져든다. 음악은 참 빠르다. 매일 아침청소를 하면서 책을 읽거나 영화를 볼 수는 없다. 그렇게 작업실의 문을 열 수는 없다. 음악이 가장 쉽고, 빠르고, 두 손 두 발 두 눈이 자유롭다. 하루를 시작할 때, 공간에 생기를 불어넣을 때 음악이 필요한 이유다.

스무 이튿날, 나는 국옹(麴翁)과 함께 걸어서 홍대용의 집으로 갔다. 김억은 밤에 도착했다. 홍대용이 가야금을 타기 시나는 음악으로 공간을 장악한다.

작업실은 내가 선택한 노래로 내가 원하는 분위기를 풍기게 되었다. 음악은 손길이 닿지 않는 곳까지 파고들고, 그 덕에 공간은 풍요로워진다. 컴퓨터의 미묘한 소음 속에서 건조하게 시작될 수도 있었던 하루가 음악으로 아름답게 시작된다. 지드래곤은 풍요로운 나의 공간을 만드는 일에 큰 몫을 해주는 아티스트다. 지드래곤은 노래로 공간의 분위기를 변화시키는 힘을 지녔다. 남들은 모르겠지만 적어도 나에게는 그렇다.

나는 신명나는 공간이 필요할 때 <HIGH HIGH>를 찾는다.

작하니, 김억이 거문고로 화답하고, 극옹이 머리에 쓴 갓을 벗고 노래를 불렀다. 밤이 깊어 흐르는 구름에 더운 기운이 잠시 물러가자, 악기 소리는 더욱 청아하게 울렸다.

좌우를 살펴보니 사람들은 음악에 취해 조용히 침묵하고 있어, 마치 수행하는 승려가 문득 깨닫는 것처럼 보였다. 스스로를 돌아보아 올바르다면 수천 수만 명의 군사라도 두렵지 않다는 말이 있는데, 극옹은 노래 부를 때 옷을 풀어헤치고 아무렇게나 다리를 뻗고 앉아 곁에 아무도 없는 것처럼 행동하였다.

지난날 이덕무가 늙은 거미가 처마에 거미줄 치는 모습을 보고 기뻐하며 나에게 말하길 "거미의 능숙한 행동이 참으로 오묘합니다. 때로는 머뭇거리는 것이 마치 무슨 생각이 있는 것 같고, 때로는 빠르게 휘몰아가는 것이 마치 무슨 깨달음을 얻은 것 같고, 때로는 보리밟기를 하는 것 같고, 때로는 거문고 줄을 손가락으로 짚는 것 같습니다." 하였다.

지금 홍대용과 김억이 서로 어울려 연주하는 것을 보니, 그때 들은 늙은 거미의 행동에 대한 이치를 깨우치게 되었다.

-박지원 《연암집》 '여름날 밤잔치의 기록(夏夜讌記)'

조선 후기 학자인 박지원의 글이다. 벗들과 함께 즐긴 여름 음악회를 기록한 것이다. 박지원의 밤잔치는 악기를 연주하는 사람, 노래하는 사람, 그 순간을 즐기며 기록하는 사람이 함께 한 잔치였다. 이 글에 등장하는 사람들은 학문을 쌓는 지식인들이었다. 밤잔치를 즐겼던 곳에서 낮에는 공부를 했을 것이다. 학문을 쌓는다고 하면 햇빛에 글을 짓고 달빛에 책을 읽기만 할 것 같지만, 옛 지식인들은 이렇게 음악을 즐길 줄 아는 사람들이었다. 옛 지식인들은 고요한 곳에 음악이 흐르면 흥겨운 잔치가 된다는 것을 알았다. 밤잔치를 즐기며 미소짓는 박지원의 얼굴이 보이는 듯하다.

사람은 사냥을 하며 살았던 아주 먼 옛날부터 노래를 불러 왔다. 축하할 일이 있을 때, 슬픈 일이 있을 때, 아이가 태어났을 때, 사람이 죽었을 때는 물론이고 일을 하면서도 놀면서도 사람들은 노래를 불렀다. 먼 옛날부터 이어진 노래를 조선시대의 사람들도 즐겼고, 오늘날 우리들도 즐기고 있다. 노래는 사람에게 꼭 필요한 것이 틀림없다.

사람은 일상 속에서 음악을 즐겨 왔다. 밤잔치를 즐긴 옛 지식인들은 전문적으로 음악만을 하지 않았다. 박지원과 벗들 또한 일상 속에서 음악을 즐긴 사람들이다. 음악을 직업으로 해야만 즐길 수 있는 것이 아니다. 곡을 써야만, 천상의 목소리를 지녀야만 음악을 사랑하는 것이 아니다. 누구나 목소리의 매력을 느낄 줄 안다면 노래를 흥얼거릴 만하다. 리듬에 몸을 맡길 줄 안다면 엉덩이를 실룩거릴 만하다. 음악을 듣는 사람도 음악을 하는 사람이다.

사실 나는 지드래곤을 직접 본 적이 없다. 콘서트에 간 적이 없다는 말이다. 대신 잠들기 전 나의 침대를 지드래곤 콘서트장으로 만든다. 헤드폰을 쓰는 순간 내가 있는 곳이 바로 콘서트장이다. 꼭 잠들기 전 침대가 아니더라도, 음악은 나만의 세계를 만들어 준다. 어디에 있건 헤드폰을 쓰는 순간 나만의 세계로 빠져들 수 있다. 아무도 아무것도 신경 쓰이지 않는다.

지드래곤은 속삭이는 듯이 부르는 노래부터 망치로 내려치는 듯이 강렬한 랩까지 앨범에 담는다. 연주곡이 아니라 노랫말이 있는 노래라서 몰입감이 더 좋다. 연주곡의 매력도 있지만, 사람의 목소리를 들으면 무언가 말하는 것 같아서 귀 기울이게 된다. 가수의 목소리에 귀 기울이다 보면 나의 마음 속 이야기에도 귀 기울이게 된다. 음악을 들으면 나의 감성은 풍부해지고, 훨씬 쉽게 나의 속마음을 들여다볼 수 있다.

영화 〈인터스텔라〉는 우주영화다. 동시에 지구영화다. 아버지는 우주에 있고, 딸은 지구에 있다. 우주에서 아버지는 전혀 경험해 보지 못한 새로운 차원에 접어든다. 시간을 건너 공간을 넘어, 지구에서 이미 어른이 되어 버린 딸의 방을 들여다볼 수 있게 된다. 책장을 경계로 우주에 있는 아버지와 지구에 있는 딸이 맞닿는다. 가장 인상적인 장면은 책장 너머 우주복을 입은 아버지가 사력을 다해 책을 조금씩 움직이며 딸에게 메시지를 전하는 장면이다. 영화는 휘어진 시간과 공간을 표현하기 위해 그 후의 장면에 젊은 아버지와 아버지보다 늙어 버린 딸을 그린다.

나는 과학적으로 수학적으로 〈인터스텔라〉를 바라보고 싶지는 않다. 내가 펼치는 상상의 나래는 조금 추상적이다. 하지만 터무니없지는 않다고 믿는다.

책장에 꽂혀 있던, 아버지가 사력을 다해 조금씩 움직이던 책 중에는 분명 노래와 춤과 시와 사랑과 꿈 등에 대한 이야기가 있었을 것이다. 아버지와 딸, 우주와 지구를 이어주던 그 책장은 인류가 쌓아놓은 사유와 기록으로 가득했을 것이다. 아버지는 인류의 문화유산을 매개로 딸에게 메시지를 전했던 것이 아닐까.

음악도 마찬가지다. 음악은 시간과 같아서, 공간을 휘어지게 만든다. 기분이 꿀꿀하고 우울하면, 지드래곤의 활짝 핀 웃음과 에너지가 필요하면, 지드래곤을 꼭 만나야 쓰것다 싶으면, 음악을 틀면 된다. 〈HIGH HIGH〉를 틀어놓고 즐기면 된다. 음악이 휘어놓은 공간에서 지드래곤을 만나, 함께 춤추면 된다. 나와 지드래곤을 이어주는 책장, 맞닿는 경계는 음악이다. 또한 그 휘어진 공간을 감싸고 있는 것도 음악이다.

〈HIGH HIGH〉는 지드래곤이 스물세 살에 부른 노래다. 시간이 흐르면 나는 지드래곤보다 나이가 많아질 것이다. 스물세 살 지드래곤의 목소리가 녹음된 〈HIGH HIGH〉는 그대로겠지만, 나는 변할 것이다. 영화에서 아버지보다 늙어 버린 딸을 그렸던 것처럼 말이다. 지드래곤보다 나이가 많은 '나'라니. 하지만 이건 슬픈 이야기가 아니다. 메시지에 대한 이야기다.

스물세 살의 지드래곤은 〈HIGH HIGH〉를 부르며 무언가를 남겼다. 그 메시지는 시간을 건너 공간을 뛰어넘는다. 음악은 차원을 뛰어넘는다. 그래서 〈HIGH HIGH〉를 틀기만 하면 그곳이 어디든 콘서트장이 된다. 음악이 휘어놓은 공간, 음악이 만들어낸 새로운 차원은 지드래곤의 콘서트장이 된다. 그곳이 어디든, 그때가 언제든, 진짜 콘서트장이 된다.

헤드폰을 쓰고 나만의 세계에 빠져 있을 땐, 아무도 나를 귀찮게 하지 못한다. 내가 무슨 생각을 하는지 어떤 고민을 품고 있는지 설명하지 않아도 된다. '음악 감상 중'이라고 하면 충분하다. 음악은 3분 남짓의 시간만 흐르는 것 같지만, 나만의 세계로 빠져드는 문이기도 하다. 나만의 세계에서 만난 지드래곤은 나를 재촉하지도 않고, 닦달하지도 않는다. 지드래곤은 자신의 이야기를 노래할 뿐이다.

'음악을 듣는 사람'도 음악을 하는 사람이다. 아주 오래 전부터 즐겨 왔던 음악은 일상 속에 있을 때 가장 자연스럽고, 아름답다. 내가 외로울 때, 우울할 때, 신명날 때마다 음악을 듣는 이유는 내가 음악을 하는 사람이기 때문이다. 내가 집 안 음악은 3분 남짓의 시간만 흐르는 것 같지만, 나만의 세계로 빠져드는 문이기도 하다. 나만의 세계에서 만난 지드래곤은 나를 재촉하지도 않고, 닦달하지도 않는다.

지드래곤은 자신의 이야기를 노래할 뿐이다.

에서도, 차 안에서도, 작업실에서도 음악을 듣는 이유는 내가 음악을 하는 사람이기 때문이다. 나는 그렇게 음악으로 공간을 장악한다. 머물고 있는 공간을 아름답게 채우는 것도 음악이고, 나만의 세계로 빠져들게 만드는 것도 음악이다.

오늘 밤,
나는 또다시 지드래곤의 콘서트장으로 향할 것이다.

BGM 〈 HIGH HIGH 〉

선수입장 알아서 모셔 T.O.P CLASS
I'M MR.G IN THE CLUB IN MY B-BOY STANCE
진짜 놀 줄 아는 둘 제대로 터진 금술
EVERYBODY MAKE IT MOVE MAKE IT MOVE 땡껴 쭉

손꼽아 기다리던 FREEDOM 정원초과
드센 여우들만의 씨름 1분1초가
너에게 영원을 약속해 HEY COME ON & MAKE SOME NOISE
난 이 밤의 대통령 나의 소녀여 FLY HIGH

HIGH HIGH I'M SO HIGH HIGH HIGH UP IN THE SKY
HIGH HIGH I'M SO HIGH FLY FLY TOUCH THE SKY
HA HA HA HA HA SAY LA LA LA LA LA HA HA HA HA HA AIIIIIIIITE

콧노래 부르며 마치 BUTTERFLY HIGH
번개처럼 높게 뛰어 올라 LIKE NINJA
서로 의견은 안 맞지만 결국 뜻은 같다
복창해 미쳐 다다 하늘로 자유낙하

모든 걸 해탈한 듯 즐기는 저 사람들
어쩌면 그냥 별 뜻 없이 그저 내숭 없이 다만 순수할 뿐
날 잡고 놀아봐요 싫다면 도망가요
이 도시 위 중심이 나는 묻지 누군지 (BANG!)

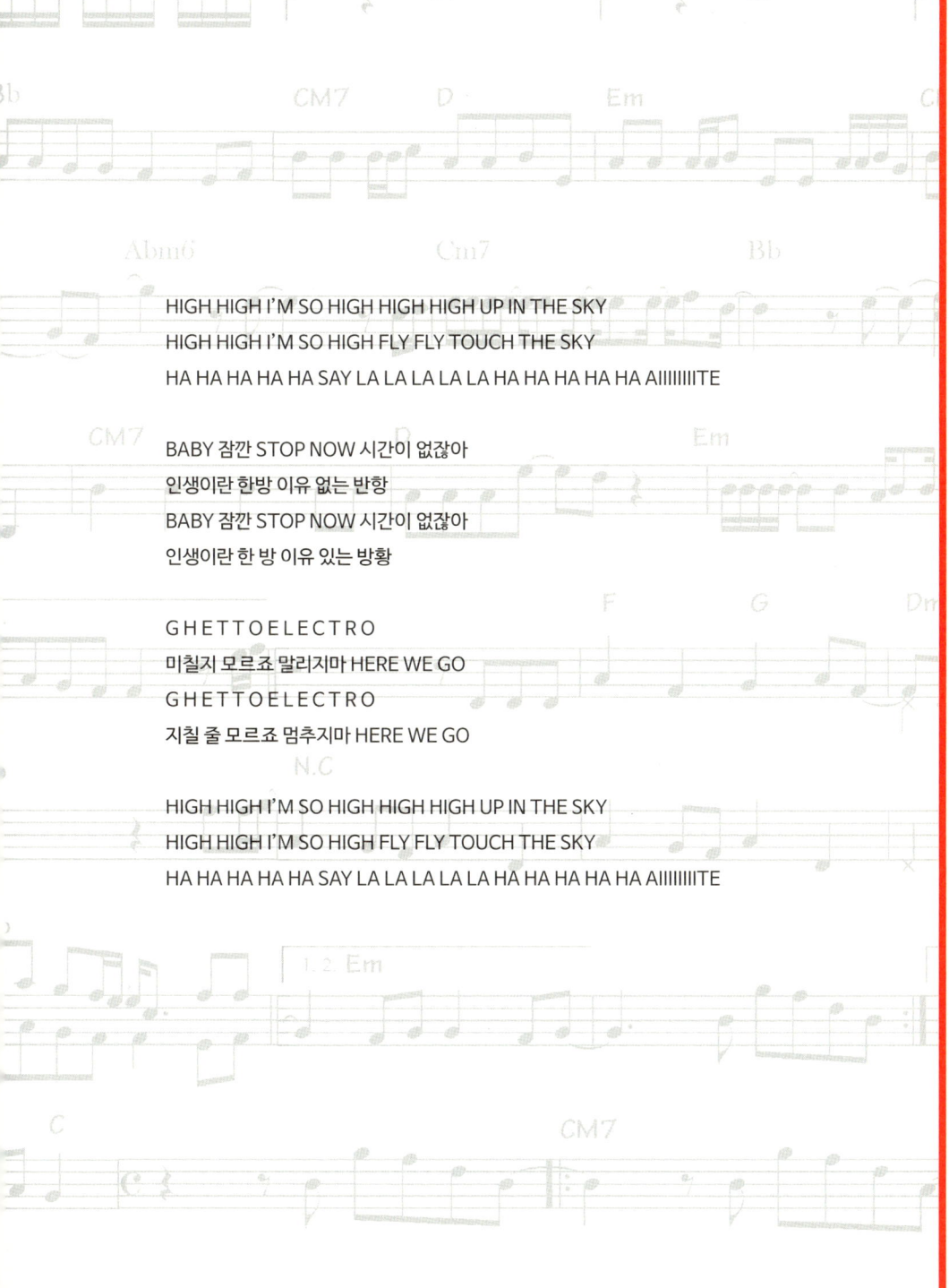

10

읽기,
지드래곤 맛 빨대

'읽어 낸다'는 표현은 눈에 보이지 않는 것들을 느낀다는 뜻이다.
'읽기'는 당장 내 눈앞에 있지 않은 것들을 꿰뚫어 보는 일이다.
한 꺼풀을 벗겨야 보이고, 한 걸음을 더 가야 보이는 것들을 느끼는 일이다.

세상 사람들은 언제나 독서가 곧 학문이라고 말한다. 학문은 독서를 하지 않는다면 얻을 수 없기 때문에 틀린 말은 아니다. 그러나 독서는 학문의 한 가지 일에 불과하므로 학문이란 독서만으로 이룰 수는 없다. 나는 일찍부터 공부하는 사람이 '학문의 도'를 구할 때 마땅히 해야 할 세 가지가 있다고 말한 바 있다.

첫 번째는 엄격한 스승과 좋은 벗을 만나 매일같이 가르침을 듣는 것이다. 두 번째는 옛 사람이 지은 고전을 읽는 것이다. 세 번째는 여행과 유람을 하면서 세상을 두루 살펴 견문을 넓히는 것이다.

-홍석주 《연천전서》 '학강산필(鶴岡散筆)'

조선 후기의 문신인 홍석주가 독서와 학문에 대해 쓴 글이다. 독서만으로는 학문을 이룰 수 없다고 말한다. 학문을 쌓으려면 스승과 벗을 만나 가르침을 듣고, 옛 사람의 고전을 읽고, 세상을 여행하면서 견문을 넓혀야 한다고 설명한다.

'독서는 읽기'지만 '읽기는 독서'가 아니다. '읽기'는 책을 읽는 것뿐만 아니라 세상을 읽는 일이다. 쏘다니며 구경하는 일이다. 뉴스를 보는 것도, 쉼 없이 떠드는 친구의 수다를 새삼 귀 기울여 듣는 것도 세상을 읽는 방법이다. 사회는 어떻게 말하고 친구는 어떻게 말하는지 들어야 한다. 사회비평가의 칼럼을 보는 것도, 할아버지 할머니께서 하시는 말씀을 듣는 것도 세상을 읽는 방법이다. 지식을 쌓은 사람의 말과 세월을 쌓은 사람의 말을 모두 들어야 한다. 유행에 따라 변하는 광고를 보는 것도, 계절에 따라 변하는 자연을 느끼는 것도 세상을 읽는 방법이다. 요즘 세상은 무엇을 사고 팔며 돌아가는지, 요즘 세상에는 어떤 물이 흐르고 어떤 바람이 부는지 알아야 한다.

읽기는 독서가 아니고, 쓰기는 수험용 논술이 아니고, 말하기는 방정맞은 입방아가 아니다. '읽기'는 세상을 읽는 일이다. '쓰기'는 자신이 본 세상, 생각해본 주제를 기록하고 표현하는 일이다. '말하기'는 자신의 감정과 생각을 다른 이에게 전하는 일이다. 글, 말, 그림, 사진, 영상, 음악 등으로 쓰고 말하는 것이다.

'쓰기'하고, '말하기'하려면 가장 먼저 '읽기'를 해야 한다. 쏘다니고 구경하며 세상을 읽어야 한다. 나의 속마음이 하는 말에도 귀 기울여 나를 읽어야 한다. 학교를 다니는 학생이든 직장을 다니는 직장인이든 연구를 하는 학자든 예술을 하는 아티스트든, 사람이라면 누구에게나 적용되는 이야기다.

읽고 나면 쓰고 싶다. 쓰고 나면 말하고 싶다. 말하고 나면 읽고 싶다. 그럼 또다시 쓰고, 말하고, 읽는다. 한 번 빠지면 절대 나올 수 없는 마력의 구렁텅이다. 그 마력은 별 것 아닌 듯한 일상에서도 뭔가를 읽어내기 위해 눈에 불을 켜도록 만든다.

지드래곤은 읽고 쓰고 말하는 마력의 구렁텅이에 빠졌다. 지드래곤은 음악으로 쓰고, 음악으로 말하는 사람이다. 읽어내기 위해서, 영감을 얻기 위해서 주변의 상황과 자극을 예민하게 느낄 수밖에 없다. 달콤한 휴식에 빠져 있다가도 눈을 번쩍 뜨며 귀를 쫑긋 세우는 순간이 있을 것이다. 숨죽이고 있는 자신의 속마음을 자세하게 살필 수밖에 없다. 아주 생생하다가도 신기루처럼 사라지는 지난밤 꿈속의 이야기를 적어 놓으려고 급히 펜을 잡을 때도 있을 것이다.

"그냥, 세상을 본다. 자질구레한 예능 프로그램부터 외국 드라마, 뉴스까지 다 보려고 한다. 세상에 무슨 일이 벌어지고 있으며, 요즘 애들은 무슨 옷을 입고, 어떻게 살고, 그런데서 다 영감을 얻는다. 그리고 아무래도 회사가 서포트를 많이 해주는 환경이다 보니까 최근에 여러 거장들을 만난 것도 큰 도움이 되었다. 퀸시 존스부터 딥플로, 보이즈 노이즈, 언더독스, 윌아이엠까지 항상 좋아하고 동경했던 사람들을 가까이서 보니까 짧은 순간이라도 이야기를 나누면서 배우는 게 생기더라. 그리고 그 사람들처럼 되어야지, 같은 생각을 하면서 살아야지 하는 마음가짐이 나를 조금은 더 큰 사람으로 만들도록 이끄는 것 같다."

지드래곤은 **"그냥, 세상을 본다."**라고 말했다. 세상에 무슨 일이 벌어지고 있는지 보면서 영감을 얻는다고 설명한다. 홍석주는 책만 붙들지 말고 세상을 여행하라고 말했다. 학문은 독서만으로 이뤄지지 않는다고 말이다. 지드래곤은 옛 지식인의 말을 잘 따르고 있는 셈이다. 지드래곤은 여기저기 쏘다니며 구경한다. 세상을 보고 사람을 본다. 동경했던 사람에게서 영감을 얻을 뿐만 아니라, 자질구레해 보이는 것들에서도 뭔가를 읽어

낸다. 그렇게 '읽기'한 것을 쓰고 말한다. '읽어 낸 것'으로 노래를 만들고 무대를 꾸민다.

'읽어 낸다'는 표현은 시적이다. 읽어 내는 사람은 시인(詩人)이다. 피고 지는 꽃을 보며 사랑을 떠올리고, 홀로 걷는 길에서 외로움을 느끼고, 저물어 가는 해를 보며 그리움을 알고, 흐르는 강을 보며 시간을 생각하고, 끝없이 펼쳐진 바다를 보며 나의 미약함을 깨닫고, 나무와 흙과 바위가 서로 의지하는 산을 보며 관계를 사색한다.

갖다 붙이기 쩐다. 풍경에서 이끌어 낸 감정과 자연에서 얻어 낸 깨달음은 갖다 붙이기의 정석이다. 책, 미술작품, 영화, 음악 등 분야를 가리지 않는 단골 소재이기도 하다. 내가 볼 때, 아티스트는 갖다 붙이기를 잘하는 사람이다. 찹쌀떡마냥 죽이는 궁합으로 갖다 붙이면 '예술'이고, 억지로 풀 발라서 너덜너덜하게 붙이면 '꼴값'이다.

솔직히 매일 뜨고 지는 해를 보며 그리움에 사무치기는 쉽지 않다. 남들은 어떤지 몰라도, 일단 내가 그렇지 못하다. 책을 읽고 영화를 보며 음악을 듣고 나서야 저물어 가는 해를 그리움으로 바라보게 된다. 매일 뜨고 지는 해를 지그시 바라보게 만드는 것이 예술의 힘이다. 아티스트는 갖다 붙이기 선수다. 그냥 지나칠 수도 있는 자질구레한 것들에서도 영감을 얻고, 예술로 만드는 사람이다.

'읽어 낸다'는 표현은 눈에 보이지 않는 것들을 느낀다는 뜻이다. '읽기'는 당장 내 눈앞에 있지 않은 것들을 꿰뚫어 보는 일이다. 한 꺼풀을 벗겨야 보이고, 한 걸음을 더 가야 보이는 것들을 느끼는 일이다. 꽃을 보며 사랑을 떠올리고, 길에서 외로움을 느끼는 일이다. 아티스트는 풍경과 자연을 시작으로 세상의 모든 것들을 '읽기'한다. 겉만 훑어가지 않고, 그 속을 꿰뚫어 보려고 노력한다. 한 꺼풀을 벗기면 어떤 속내가 드러날지, 한 걸음을 더 가면 어떤 상황이 벌어질지 상상한다. 어디에 무엇을 갖다 붙일지 궁리한다.

갖다 붙이기는 그냥 막 갖다 붙인다는 뜻이 아니다. 뭣도 아닌 쓰레기를 눈속임해서 사기를 친다는 것이 아니다. 갖다 붙이기는 누가 소화하느냐에 따라서 결과물이 달라진다는 뜻이다. 지드래곤이 갖다 붙인 'MONSTER'는 다른 아티스트들도 활용하는 소재다. 특히 영화에서는 셀 수 없이 많은 괴물들이 나온다. 괴물과 맞서 싸우는 영웅을 이야기하기도 하고, 돈과 권력의 노예가 된 사람들을 비꼬며 과연 누가 괴물인지 따지기도 한다. 누구도 나를 상대할 수 없을 만큼 나는 잘났으니, 괴물이라고 불러도 좋다며 큰소리치는 노래도 있다.

지드래곤만 'MONSTER'를 갖다 붙인 것도 아니고, 지드래곤만 훌륭한 것도 아니다. 하지만 지드래곤이 생각하고 소화해서 만든 'MONSTER'는 〈MONSTER〉 하나뿐이다. 김이나 작사가는 "**빅뱅의 〈MONSTER〉는 정말 어마어마한 가사죠. 가사 속에 콘셉트가 다 들어 있어요. 몬스터라는 테마를 어쩜 이렇게 잘 잡았을까, 난 왜 이걸 먼저 생각하지 못했을까 하는 질투심이 들 정도로 매력적인 가사입니다.**"라고 말하기도 했다. 'MONSTER'는 많이 쓰이는 소재지만, 지드래곤은 자신만의 맛을 낸다. 같은 소재도 갖다 붙이는 사람에 따라 결과물이 다르다. 누가 소화하느냐에 따라 결과물이 다르다. 같은 세상을 보고 같은 사람을 봐도 누가 '읽기'하느냐에 따라 작품의 맛이 다르다.

마트에 가보면 초코 맛 빨대가 있고, 딸기 맛 빨대가 있다.

초콜릿 알갱이가 들어 있는 빨대로 흰 우유를 마시면 초코우유 맛이 난다. 딸기 맛도 마찬가지다. 아티스트는 자신만의 빨대를 가진 사람들이다. 자라온 환경, 겪어왔던 사건 사고, 머리를 헤집고 다니는 고민거리, 곁에 있는 사람들, 가슴 깊숙이 간직하고 있는 감성, 지금 이 순간 느껴지는 감정, 음식과 옷부터 영화나 음악까지의 취향에 따라 그 맛은 모두 다르다.

아티스트는 어떤 세상을 보고 어떤 사람을 봐도 자신만의 맛으로 예술한다. 모두가 좋다고 말하는데도 삐딱선을 타며 비판의 목소리를 내는 사람이 있고, 비장하고 심오하며 절절한 상황에서도 개그 코드를 찾아내는 사람이 있다. 억지로 끼워 맞춘다는 뜻이 아니라, 특유의 느낌과 맛을 유지한다는 뜻이다. 같은 소재로 만들어도 그 맛은 모두 다르다. 누가 소화하느냐, 누가 갖다 붙이느냐, 누가 '읽기'하느냐에 따라 작품의 맛은 천차만별이다.

"나의 모토는 항상 지금의 젊고 어린 느낌을 유지하는 건데, 그러기 위해서는 내가 가진 특유의 느낌을 간직해야 한다고 본다. 내가 만든 노래나 내 행동의 중심에 있는 가장 큰 단어가 바로 '양아치'인데, 그게 빠지면 내 색깔이 성립이 안 된다. 패션, 가사, 노래하는 스타일까지 다 왠지 모를 양아치의 느낌이 있어야 나만의 멋이 나는 거다. 음악이 아니라 태도적으로 록스타가 되고 싶은 거다."

지드래곤만의 멋은 양아치다. 지드래곤만의 맛은 록스타다. 음악적인 록스타가 아닌, 태도적인 록스타다. 지드래곤은 음악으로 쓰고 음악으로 말하기 위해 '읽기'하는 아티스트다. 지드래곤은 모든 노래에서 특유의 삐딱스러움을 유지한다. 사랑을 노래할 때도 세상을 노래할 때도 〈삐딱하게〉 부른다. 왠지 모를 양아치의 향기를 풍기며 노래한다. 읽어 낸 것이 있고, 그래서 말하고자 하는 것이 있다면, 조금 삐딱한 모습도 전혀 문제없다. 청소년인 나에게 유해하다며 펄쩍 뛰는 분들께는 죄송하지만, 나는 그렇게 생각한다.

나는 지드래곤만의 멋과 맛이 좋다. 태도적인 록스타라는 맛이 내 입맛에는 아주 잘 맞는다. 무대에서 〈삐딱하게〉 노래하는 지드래곤이 좋다.

지드래곤만의 멋은 양아치다.
지드래곤만의 맛은 록스타다.

음악적인 록스타가 아닌, 태도적인 록스타다.

지드래곤은 음악으로 쓰고 음악으로 말하기 위해 '읽기'하는 아티스트다. 지드래곤은 모든 노래에서 특유의 삐딱스러움을 유지한다. 사랑을 노래할 때도 세상을 노래할 때도 <삐딱하게> 부른다. 왠지 모를 양아치의 향기를 풍기며 노래한다.

읽어 낸 것이 있고, 그래서 말하고자 하는 것이 있다면,
조금 삐딱한 모습도 전혀 문제없다.

청소년인 나에게 유해하다며 펄쩍 뛰는 분들께는 죄송하지만,
나는 그렇게 생각한다.

/BGM

〈 삐딱하게 〉

영원한 건 절대 없어
결국에 넌 변했지
이유도 없어 진심이 없어
사랑 같은 소리 따윈 집어 쳐
오늘밤은 삐딱하게
내버려둬
어차피 난 혼자였지
아무도 없어 다 의미 없어
사탕 발린 위로 따윈 집어 쳐
오늘밤은 삐딱하게

버럭버럭 소리쳐 나는 현기증
내 심심풀이 화풀이 상대는 다른 연인들
괜히 시비 걸어 동네 양아치처럼
가끔 난 삐딱하게 다리를 일부러 절어
이 세상이란 영화 속 주인공은 너와 나
갈 곳을 잃고 헤매는 외로운 저 섬 하나
텅텅 빈 길거리를 가득 채운 기러기들
내 맘과 달리 날씨는 참 더럽게도 좋아

너 하나 믿고 마냥 행복했었던 내가
우습게 남겨졌어
새끼손가락 걸고 맹세했었던 네가
결국엔
영원한 건 절대 없어
결국에 넌 변했지
이유도 없어 진심이 없어
사랑 같은 소리 따윈 집어 쳐
오늘 밤은 삐딱하게
내버려둬
어차피 난 혼자였지
아무도 없어 다 의미 없어
사탕 발린 위로 따윈 집어쳐
오늘 밤은 삐딱하게

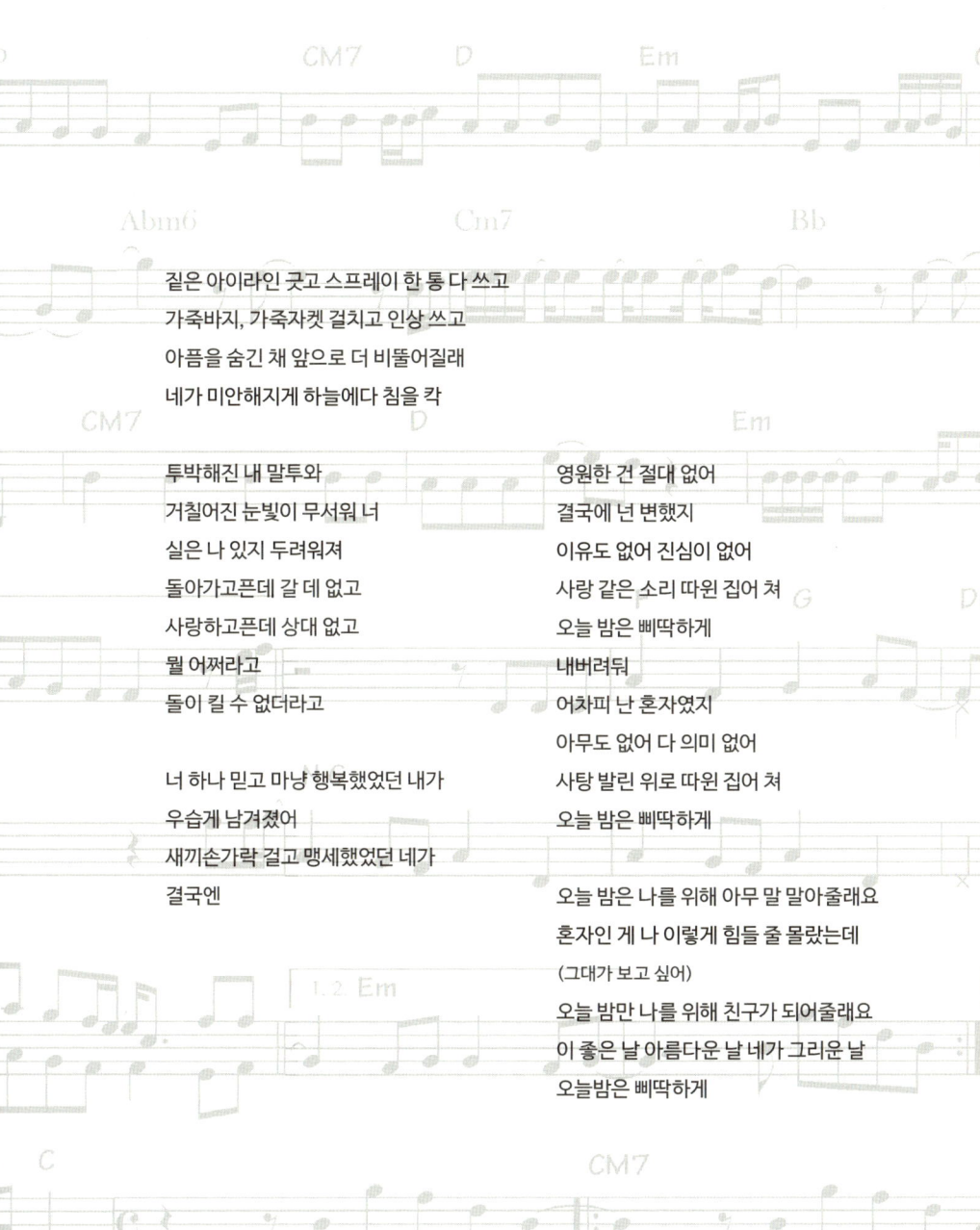

짙은 아이라인 긋고 스프레이 한 통 다 쓰고
가죽바지, 가죽자켓 걸치고 인상 쓰고
아픔을 숨긴 채 앞으로 더 비뚤어질래
네가 미안해지게 하늘에다 침을 칵

투박해진 내 말투와
거칠어진 눈빛이 무서워 너
실은 나 있지 두려워져
돌아가고픈데 갈 데 없고
사랑하고픈데 상대 없고
뭘 어쩌라고
돌이 킬 수 없더라고

너 하나 믿고 마냥 행복했었던 내가
우습게 남겨졌어
새끼손가락 걸고 맹세했었던 네가
결국엔

영원한 건 절대 없어
결국에 넌 변했지
이유도 없어 진심이 없어
사랑 같은 소리 따윈 집어 쳐
오늘 밤은 삐딱하게
내버려둬
어차피 난 혼자였지
아무도 없어 다 의미 없어
사탕 발린 위로 따윈 집어 쳐
오늘 밤은 삐딱하게

오늘 밤은 나를 위해 아무 말 말아줄래요
혼자인 게 나 이렇게 힘들 줄 몰랐는데
(그대가 보고 싶어)
오늘 밤만 나를 위해 친구가 되어줄래요
이 좋은 날 아름다운 날 네가 그리운 날
오늘밤은 삐딱하게

11

쓰기,
찌질함까지 드러내야 하는 창작의 고통

> 지드래곤은 자신을 우상으로 삼으라고 강요하지 않는다.
> 멋져 보이려고 애쓰지도 않는다.
> 지드래곤은 자신의 감정과 생각을 하나도 남김없이 탈탈 털어서 '쓰기'할 뿐이다.
> 솔직하게 노래할 뿐이다.

지드래곤은 노래하고, 노래하기 전에 곡을 '쓴다'. 작사 작곡을 해서 앨범을 만드는 아티스트다. 지드래곤이 본 세상, 생각해본 주제가 노래에 녹아든다. 곡을 받아서 노래하는 가수를 폄하하려는 마음은 없다. 내가 좋아하는 가수들이 전부 싱어송라이터는 아니다. 다만, 직접 곡을 쓰는 아티스트가 자신만의 이야기를 좀 더 잘 들려줄 수 있는 매력이 있다고 생각한다. 지드래곤은 직접 쓴 곡으로 자신만이 할 수 있는 이야기를 전한다.

지드래곤은 "노래를 만든다는 게 중요하지 않을 수 없다. 개인적으로 나는 다른 작곡가의 노래를 받아서 부르면 자신감이 없다. 다른 분들은 어떨지 모르지만 난 어릴 때부터 내가 만든 노래로 내가 표현하는 방법을 택했다. 그래서 다른 노래를 받아 부르면 아마 서툴 것 같다."라고 설명한다. 지드래곤은 연습생 시절부터 곡을 써왔다. 어릴 때부터 스스로 작곡하고 스스로 작사하며 표현하는 방법을 익혔다. 내가 지드래곤의 음악을 좋아하는 것은 멜로디와 가사의 궁합이 찰떡같기 때문이다. 나는 지드래곤이 직접 만든 노래로 직접 표현하는 아티스트라서 좋다. 자신이 본 세상, 생각해본 주제를 앨범에 녹여 내는 아티스트라서 좋다.

주흥사가 하룻밤 사이에 《천자문》을 만들어 올렸는데, 수염과 머리카락이 다 하얘지고, 집에 돌아와서는 두 눈의 시력을 잃고, 죽을 때까지 마음을 제대로 가누지 못했다.
사령운은 반나절 동안 시 100편을 지었는데, 갑자기 이(齒) 열두 개가 빠져 버렸다. 또 맹호연은 고민하면서 시를 짓다가 눈썹이 모두 떨어져 나갔다. 그리고 위상은 《초사》를 쓰고 나서 심장의 피가 모두 말라 끝내 죽고 말았다.

-이수광 《지봉유설》 '저술(著述)'

조선 중기의 학자인 이수광의 《지봉유설》에 있는 글이다. 창작의 고통에 대한 기록이다. 이 글에 등장하는 사람들은 저술 활동에 힘을 너무 많이 쏟은 나머지 죽을 때까지 마음을 제대로 가누지 못하고 두 눈의 시력을 잃거나, 피가 모두 말라 죽었다고 한다. '쓰기'가 이렇게 힘들다.

'쓰기'는 중지 손가락이 아파서 짜증나는 글씨 연습이 아니다. '쓰기'는 학원에서 비법을 가르쳐 주는 수험용 논술도 아니고, 자소설로 변질되는 자소서(자기소개서)도 아니다. '쓰기'는 내가 본 세상, 생각해본 주제를 표현한다는 뜻이다. 글쓰기만 '쓰기'가 아니다. 글, 그림, 사진, 영상, 음악 등이 모두 '쓰기'의 다양한 방법이다. 그래서 지드래곤도 '쓰는' 사람이다.

이수광의 기록은 아주 먼 옛날 이야기이고, 가장 극단적인 예를 든 것이다. 창작의 고통을 느낀다고 해서 쉽게 죽지는 않는다. '쓰기'를 지나치게 두려워할 필요는 없다. 하지만 창작의 고통은 분명히 있다. 어떤 작가는 "책 한 권을 쓰려면 10년 전에 먹은 밥풀떼기까지 필요하다"고 말했다. 그 정도로 많은 힘을 쏟아야 하는 일이다. 베테랑 작가들에게도 '쓰기'는 절대 껌이 아니다. 껌이라고 생각하는 순간 베테랑에서 바로 꼰대가 되어 버린다. 창작의 고통을 느끼며 긴장해야만 '쓰기'를 할 수 있다.

직접 곡을 쓰고 노래하는 지드래곤도 '쓰기'가 이렇게 힘들었을까?

이수광의 기록에는 죽도록 쥐어짜내다가 정말 죽어 버리기까지 한 사람들의 이야기가 나온다. 흔히 말하는 창작의 고통이 바로 죽도록 쥐어짜내야 하는 고통이다. 하지만 창작의 고통은 죽도록 쥐어짜내는 것이 전부가 아니다. 나는 창작을 하려면 찌질함까지 드러내야 하는 고통이 따른다고 생각한다.

아티스트는 자신의 잘난 모습만을 골라서 예술할 수 없다. 처음에는 멋있는 모습을 선택할 수 있겠지만, 시간이 흐르고 삶의 굴곡을 따라 오르락내리락하다보면 찌질함까지 보여줘야 하는 순간이 온다. 나이가 들면 찌질해진다는 말이 아니다. 찌질함까지 드러낼 정도로 솔직해질 수밖에 없다는 말이다. 사람이 매순간 폼 잡을 수도 없고 모든 것을 깨달을 수도 없다는 것을 인정하게 된다는 말이다. '찌질함'은 밑바닥까지 드러내야 할 정도로 '모든 것'을 보여줘야 한다는 뜻이다. 솔직한 아티스트는 인간의 모든 면을 들춰 내고, 자신의 모든 면을 보여준다.

하나둘씩 보여주다 보면 찌질함까지 드러내야 하는데, 이게 말처럼 쉬운 일이 아니다. 아티스트는 한꺼번에 너무 많은 감정을 쏟아내면 힘들고, 자기검열을 심하게 겪으면 망한다. 대중은 완전히 날것인 감정은 부담스러워하고, 자기검열을 거친 감성은 지루해한다. 쓰기는 그렇게 어렵다. 아티스트는 자신의 모든 것을 보여줘야 하지만, 동시에 모든 것을 숨겨야 한다. 인간적인 면을 보여주면 대중들은 열광하지만, 선을 넘는 찌질함은 받아주지 않는다. 쓰기가 이렇게 어렵다.

아티스트는 정말로 잘난 모습만을 골라서 예술할 방법은 없는 것인지, 그럼 그게 예술인지, 골머리를 앓게 된다. 지드래곤 또한 찌질함까지 보여야 하는 창작의 고통을 느꼈을 것이다. 대중들에게 자신의 모습을 어디까지 보여줘야 할지, 팬들이 과연 이번에도 좋아해 줄지 고민될 수밖에 없다. '쓰기'가 이렇게 힘들다.

아티스트는 고통스러워하면서도 결국 모든 것을 드러낸다. 좋은 작품을 만들기 위해 자신의 감정, 생각을 하나도 남김없이 탈탈 털어서 내놓는다. 하나둘씩 보여주다 보면 찌질함까지 드러내야 하는 창작의 고통을 감내한다. 지드래곤은 기대감과 부담감을 이겨내며 계속 앨범을 낸다. 지드래곤은 M.A.D.E. 시리즈 앨범에서 자신이 〈LOSER〉로 느껴질 때가 있음을 고백했다. "사실 '루저'나 '위너' 양갈래로 나누려고 한 건 아니에요. 저희가 하고 싶은 말은 연예인도 다른 사람들과 똑같은 사람이라는 거예요. 다만 특별한 직업을 가진 것뿐이죠. 저희도 우스운 걸 보면 웃고 슬픈 걸 보면 우는 평범한 사람이에요."라고 설명했다.

톱스타가 평범함을 인정하는 것만큼 용감한 솔직함도 없다. 음악을 많이 사랑하고, 반짝스타가 아닌 아티스트로 살아가겠다고 마음먹어야 가능한 일이다. 지드래곤은 솔직하다. 시간이 지날수록 더 솔직해지고, 내공이 쌓일수록 솔직함을 아름답게 표현하고 있다. 찌질함까지 드러내야 하는 창작의 고통을 감내한다. 지드래곤은 자신을 우상으로 삼으라고 강요하지 않는다. 멋져 보이려고 애쓰지도 않는다. 지드래곤은 자신의 감정과 생각을 하나도 남김없이 탈탈 털어서 '쓰기'할 뿐이다. 솔직하게 노래할 뿐이다.

지드래곤이 창작의 고통을 감내하고 기꺼이 즐기는 아티스트라서 좋다. 가장 폼 나는 모습부터 가장 찌질한 모습까지 모두 '쓰기'하는 아티스트라서 좋다. 나는 지드래곤의 노래를 들으면서 이런 망상을 한다. '나도 사람이니까 이렇게 쓸쓸할 때가 있더라. 내가 봐도 찌질할 때가 있더라. 그래서 이 노래를 불렸어, 너에게도 이런 위로가 너에게도 이런 노래가 필요할 것 같아서.' 찌질함을 온몸으로 표현하는 무대까지도 멋있어 보이는 것은 팬심의 콩깍지 때문일까.

 오늘은 〈LOSER〉를 들어야겠다.

/ BGM

〈 LOSER 〉

LOSER 외톨이 센 척하는 겁쟁이
못된 양아치 거울 속에 넌
JUST A LOSER 외톨이 상처뿐인 머저리
더러운 쓰레기 거울 속에 난 I'M A

솔직히 세상과 난 어울린 적 없어
홀로였던 내겐 사랑 따윈 벌써
잊혀 진지 오래 저 시간 속에
더 이상은 못 듣겠어 희망찬 사랑 노래
너나 나나 그저 길들여진 대로
각본 속에 놀아나는 슬픈 삐에로
난 멀리 와 버렸어 I'M COMING HOME
이제 다시 돌아갈래 어릴 적 제자리로

언제부턴가 난
하늘 보다 땅을 더 바라보게 돼
숨쉬기조차 힘겨워
손을 뻗지만 그 누구도 날 잡아 주질 않네 I'M A

LOSER 외톨이 센 척하는 겁쟁이
못된 양아치 거울 속에 넌
JUST A LOSER 외톨이 상처뿐인 머저리
더러운 쓰레기 거울 속에 난 I'M A

반복되는 여자들과의 내 실수
하룻밤을 사랑하고 해 뜨면 싫증

책임지지 못 할 나의 이기적인 기쁨
하나 땜에 모든 것이 망가져버린 지금
멈출 줄 모르던 나의 위험한 질주
이젠 아무런 감흥도 재미도 없는 기분
나 벼랑 끝에 혼자 있네 I'M GOING HOME
나 다시 돌아갈래 예전의 제자리로

언제부턴가 난
사람들의 시선을 두려워만 해
우는 것조차 지겨워
웃어보지만 그 아무도 날 알아주질 않네 I'M A

LOSER 외톨이 센 척하는 겁쟁이
못된 양아치 거울 속에 넌
JUST A LOSER 외톨이 상처뿐인 머저리
더러운 쓰레기 거울 속에 난 I'M A

파란 저 하늘을 원망하지 난
가끔 내려놓고 싶어져 I WANT TO SAY GOOD BYE
이 길의 끝에 방황이 끝나면
부디 후회 없는 채로 두 눈 감을 수 있길

LOSER 외톨이 센 척하는 겁쟁이
못된 양아치 거울 속에 넌
JUST A LOSER 외톨이 상처뿐인 머저리
더러운 쓰레기 거울 속에 난 I'M A

LOSER
I'M A LOSER
I'M A LOSER
I'M A LOSER

12

말하기,
음악으로 말하는 타고난 수다쟁이

지드래곤은 노래와 무대로 자신의 말을 충분히 전한 뒤에야 발길을 돌린다.
단순명료한 메시지를 강렬하게 남기려고 의도하거나,
미련 혹은 여운이 남도록 의도한 노래가 있을 뿐이다.
지드래곤은 아쉬움 없이 후련하지만 다음에 또 보고 싶을 만큼, 딱 그만큼 '말하기'한다.

지드래곤은 수다스럽다. 매우 아주 엄청나게 약간 지나친가 싶다가도 계속 되었으면 할 만큼 매력적으로 수다스럽다. '말하기'는 입을 떼고 약간의 굴곡이 있는 어투로 의사를 전달하는 것에 국한되지 않는다. 자신의 감정과 생각을 다른 이에게 전하는 모든 활동이 '말하기'다.

지드래곤은 노래로 말한다. 노래에 자신의 감정을 담고, 생각을 담아 낸다. 연인에게 속삭이는 말을 담고, 세상에게 전하는 포부를 담는다. 연습생 시절에 느꼈던 힘듦과 설렘부터 최정상 가수의 힘듦과 설렘까지 이야기한다. 뭣 모르는 자신감을 가졌던 순간, 뭣 모르는 의무감을 가졌던 순간을 모두 노래한다.

지드래곤은 무대로 말한다. 무대에서 자신의 감정과 생각을 보여준다. 손짓 하나부터 눈빛까지 모두 연출한다. 지드래곤은 하고자 하는 말에 따라 앨범 발매시기를 맞추고, 무대의상을 변화시키고, 목소리 톤과 안무를 다르게 한다. 친구들과의 파티에서 풀어진 모습부터 실연의 아픔에 몸부림치는 모습까지 완벽하게 연기한다. 무대 위의 연기는 거짓말을 뜻하지 않는다. 하고자 하는 말에 따라 타이밍, 말투, 자세, 표정, 눈빛이 달라지는 것과 같다. 지드래곤은 들리는 노래로, 보이는 무대로 자신을 말한다.

지드래곤은 잘생겨 보이는 옷과 표정에 집착하지 않는다. 칼군무를 고집하지도 않는다. 때로는 가만히 서 있다시피 하는데, 그 무대를 감싸고 있는 노래와 잘 어울린다. 철저히 노래에 맞는 무대를 꾸미는 덕분이다. 지드래곤에게 무대는 완벽하게 음악을 위한 공간이다. 노래로 전하고 싶은 자신의 말을 사람들이 더 깊고 길게 느끼도록 만드는 공간이다.

지드래곤이 속삭이는 사랑의 세레나데는 옅은 미소로 더 애틋해진다. 세상에 전하는 포부는 강렬한 눈빛으로 훨씬 대담해진다. 파티에 어울리는 노래는 즉석 댄스로 더 자유로워진다. 실연의 아픔에 몸부림치는 노래는 힘없이 숙여진 고개로 더 아련해진다. 지드래곤은 들리는 노래로, 보이는 무대로 자신을 말한다.

지드래곤은 인터뷰와 방송 출연을 통한 '말하기'도 잘한다. 이것은 말솜씨가 좋다기보다는, 인터뷰와 방송을 잘 이해하고 있는 덕분이다. 지드래곤은 수많은 인터뷰와 방송 출연을 해왔다. 지드래곤은 사람들이 무엇을 궁금해 하는지 귀신같이 안다. 방송용 멘트를 뻔하게 날리지는 않지만, 적절한 타이밍과 사회자가 이끄는 방향을 안다.

그래도 지드래곤의 가장 뛰어난 '말하기' 방식은 노래이고, 무대이다. 인터뷰와 방송 출연을 통해 새 앨범을 소개하는 것에는 한계가 뚜렷하다. 아무리 말을 잘해도 결국 '들어보세요!' '들어보세요!' 이것이 가장 적합한 홍보 방식이다. 보통은 요란한 홍보의 힘을 입어 화제가 된 것으로 만족하는 경우가 많다. 예고편이 영화의 전부인 경우다. 지드래곤은 예고편이 전부인 영화는 절대 만들지 않는다. 나는 예고편에 설레지만, 항상 뚜껑을 연 뒤에 더욱 열광해왔다. 노래를 끝까지 듣고, 뮤직비디오를 보면 더 큰 감탄사가 나왔다.

지드래곤은 앨범에 모든 공력을 다 쏟고, 노래와 무대로 모든 것을 말한다. 뭔가 할 말이 더 남았을 것 같지도 않고, 설명이 필요하지도 않다. 지드래곤은 예쁘장한 안무를 위해 중독성 있는 후렴구에만 집착하지 않는다. 엉덩이만 살랑거리다가 하려던 말도 끝맺지 못하고 급하게 끝내지 않는다. 혼자 떠드느라고 관객은 안중에도 없는 무대를 꾸미지 않는다. 어제 먹은 저녁 메뉴부터 시대의 철학자가 말한 진리까지 한꺼번에 다루려는 멍청함을 범하지 않는다. 여기저기 찝쩍거리다가 에라 모르겠다는 식으로 무책임하게 끝내지 않는다.

지드래곤은 노래와 무대로 자신의 말을 충분히 전한 뒤에야 발길을 돌린다. 단순명료한 메시지를 강렬하게 남기려고 의도하거나, 미련 혹은 여운이 남도록 의도한 노래가 있을 뿐이다. 지드래곤은 아쉬움 없이 후련하지만 다음에 또 보고 싶을 만큼, 딱 그만큼 '말하기'한다. 부족하지도 않고 넘치지도 않는다. 타고난 수다쟁이다.

홍준이 흩어졌던 이경윤의 그림을 많이 수집해 가지고 와서 나에게 보여주며, 그 그림에 글을 부탁하였다.

내가 그림을 살펴보니, 인물 묘사가 마치 진짜로 그 사람을 마주 보는 것 같았다. 요컨대 모두가 범상치 않은 모습이었다. 나는 이경윤을 한 번도 만나본 적이 없다. 하지만 어쩌면 이경윤이 스스로도 깨닫지 못한 사이에 그림 속에 자신과 닮은 모습을 그려 넣은 것이 아닐까 생각하였다.

-최립 《간이집》 '화첩에 적다(帖面)'

최립이 이경윤의 그림에 대해 쓴 글이다. 조선 중기의 학자인 최립은 그림을 보면 화가의 얼굴이 보이는 듯하다고 말한다. 최립은 화가가 자신도 모르는 사이에 스스로의 모습을 그려 넣었는지도 모르겠다고 생각했다.

'명화(名畵)'는 아무나 아무거나 얻을 수 있는 이름이 아니다. 명화에는 화가의 혼이 담겨 있다. 그림 속에 화가의 얼굴이 비춰지는 이유는, 작가의 혼이 느껴지기 때문이다. 아티스트는 자신의 인생을 예술로 만드는 사람이다. 이미 세상을 떠난 화가의 인생을 이야기할 때, 그림이 그려진 시기를 가지고 추측하기도 한다. 인생의 중대한 결정을 내린 시기에는 대부분 기법도 달라진다. 어떤 인물이 그림에 지속적으로 등장하는 시기는 사랑에 빠졌던 나날들이라고 짐작한다. 화가는 그림으로 숨쉬는 사람이라서, 그림은 화가의 인생을 품고 있다.

지드래곤은 '빼곡히 써 내려가는 가사 이 안에 내 철학이 가득하다'고 말했다. 그 말 또한 노래 〈소년이여〉로 전해 주었다. 지드래곤은 자신의 철학을 담아서 곡을 쓴다. 명화에는 화가의 얼굴이 비춰지고, 명곡에는 가수의 얼굴이 비춰진다. 카메라감독님의 현란한 촬영기술 덕에 얼굴이 잘 보인다는 뜻이 아니다. 이어폰으로 노래만 들었는데 우리 오빠의 잘생긴 얼굴이 눈에 선하다는 뜻이 아니다. 그런 말이 아니라, 아티스트의 감정을 철학을 혼을 품은 노래가 명곡이라는 뜻이다.

혼(魂)은 한(恨)이 아니다. 혼을 담아 부른 노래라고 해서 슬픔이 절절하기만 한 것이 아니다. 한이 서린 소리를 토해 내야만 혼을 담아 노래하는 것이 아니다. 진지한 것만 예술이 아니다. 달달함에 녹아서 넋을 잃을 만큼 간드러지게 부르는 노래도, 혼을 쏙 빼놓는 퍼포먼스도, 진심이 담겼다면 혼(魂)을 담은 노래이고 무대이다. 대중적인 노래만이 명곡이라는 말만큼,

대중적이면 명곡이 아니라는 말도 우습다. 히트곡이 꼭 명곡은 아니지만, 히트를 못했다고 꼭 명곡도 아니다.

혼을 담아 그린 그림에는 화가의 얼굴이 비춰지고, 혼을 담아 부른 노래에는 가수의 얼굴이 비춰진다. 지드래곤은 노래 속에서 자신의 얼굴이 비춰지는 것을 즐긴다. 음악으로 자신의 말을 전하고 싶어한다. 지드래곤은 감정과 생각을 노래에 담아 말한다. 무대 위에서 신나는 모습도 눈물을 흘리는 모습도, 모두 그의 것이다. 가수는 노래로 숨쉬는 사람이다. 지드래곤의 음악은 지드래곤의 인생을 품고 있다. 그는 음악을 멈추지 않는, 말하기를 멈추지 않는 수다스러운 아티스트다.

자신의 인생을 예술로 만드는 아티스트는 항상 스스로에 대해 생각할 수밖에 없다. 지드래곤은 스스로에 대해 고민한다고 말한다. "일반인 권지용과 연예인 지드래곤을 한동안 고민했다. 의외로 답은 쉽게 찾았다. 권지용과 지드래곤은 최대한 차이를 줄이며 살아가는 게 맞다. 구분 지으면 마음이나 정신적으로 힘들다. 내 삶을 있는 그대로 받아들이고, 인정했다. 시간이 부족할 뿐이지 기분 좋게 살고 있다. 나에게 말해주고 싶다. "넌 잘하고 있어." 실제로 나는 허점도 많고, 아직 어린애다. 하지만 한 살씩 먹을 때마다 변하고 있고, 앞으로 더 변할 것 같다. 아직 어른은 아니지만, 그런 과정이다. 강박에 쫓기며 살다가 여유를 찾으면서 생각과 생활이 다 변했다."

지드래곤이 스물다섯일 때 한 말이니 지금은 더 성장했을 것이고, 앞으로 더 성장할 것이다. 지드래곤은 '말하기'가 겉모습만 가꿔서 될 일이 아니라는 것을 안다. 지드래곤은 끊임없이 자신을 성장시킨다. 노랫말에서 느껴질 감정을 풍부하게 키우고, 앨범에 담아 낼 철학을 다시 곱씹어 본다. 성장을 위해 끊임없이 노력하고, 점검과 재점검을 반복한다.

지드래곤은 스스로의 성장과정을 기꺼이 음악에 녹여 내는 아티스트다. 말하고 싶고 전하고 싶은 얘깃거리가 넘쳐흐르는 아티스트다. 지드래곤은 노래와 무대로 그렇게 '말하기'한다.

지드래곤의 수다스러움을 계속 즐기고 싶다. 매우 아주 엄청나게 약간 지나친가 싶다가도 계속 되었으면 할 만큼 매력적인 수다스러움을 계속 즐기고 싶다. 지난 앨범들을 다시 들으면서 지드래곤의 수다스러움을 즐기는 것도 좋지만, 컴백을 손꼽아 기다리면 얼마 지나지 않아 새로운 이야기보따리를 풀어낼 것이라고 믿고 기다리는 것도 즐겁다. 들리는 노래로 보이는 무대로 '말하기'할 것이라고 믿기 때문이다.

〈소년이여〉에서처럼 '멋진 목소리로 세상에 소리쳐' 달라고, 그 '말하기'에 열광할 준비가 되어 있다고, 말하고 싶다.

지드래곤은 음악으로 말하는 타고난 수다쟁이다.

〈 소년이여 〉

BGM

G.D
A-YO CHOICE DROP IT ON ME
YO 밤은 깊었는데 잠은 안 오고 늘어난 두통과 싸우고
이리저리 뒤척이다 생각에 잠겨 또 펜을 붙잡고
빼곡히 써 내려가는 가사 이 안에 내 철학이 가득하다
뿌연 담배연기 꽉 찬 내 방 HOME SWEET HOME 아늑하다
열 세 살 나이에 와서 쉴 틈 없이 달려왔어
뭣 모르는 자신감 내겐 가장 큰 무기였어
오르막길이라면 내리막길도 있는 법
돌아가기엔 너무 늦어버렸어 I CAN'T LET IT GO

REMEMBER BACK IT THE DAY 빛나던 두 눈
난 절대 잊지 못해 그 뜨거운 꿈을
DON'T FORGET BACK IN THE DAY 소년이여
네 멋진 목소리로 세상에 소리쳐 SHINE A LIGHT

난 G-DRAGON 남들이 뭐라건 작다고 어리다고
난 G-DRAGON 남들이 뭐라건
사람들은 말해 내가 부러워 가진 게 너무 많아
연예인들은 다 편하게만 살아
딱 하루만 그 입장이 돼 봐라
보이는 게 다가 아니란 걸 알아
시간이 흘러가면서 외로움만 커져갔어
뭣 모르는 의무감 내겐 가장 큰 부담이었어
오르막 길이라면 내리막 길도 있는 법
도망치기엔 너무 늦어버렸어 I WANNA GO

REMEMBER BACK IT THE DAY 빛나던 두 눈
난 절대 잊지 못해 그 뜨거운 꿈을
DON'T FORGET BACK IN THE DAY 소년이여
네 멋진 목소리로 세상에 소리쳐 SHINE A LIGHT

10년 동안 수많은 물음들과
내가 흘린 수많은 땀방울들과
내가 참아온 차가운 눈물들아
다시 시작해 보는 거야

REMEMBER BACK IT THE DAY 빛나던 두 눈
난 절대 잊지 못해 그 뜨거운 꿈을
DON'T FORGET BACK IN THE DAY 소년이여
네 멋진 목소리로 세상에 소리쳐 SHINE A LIGHT
REMEMBER BACK IT THE DAY 빛나던 두 눈
난 절대 잊지 못해 그 뜨거운 꿈을
DON'T FORGET BACK IN THE DAY 소년이여
네 멋진 목소리로 세상에 소리쳐 SHINE A LIGHT

COME BACK TO ME NOW (1년이 지나도)
COME BACK TO ME NOW (10년이 지나도)
COME BACK TO ME NOW (지나간 세월아)
COME BACK TO ME NOW (내 청춘아)

REMEMBER BACK IT THE DAY (IT'S TIME TO SHINE)
난 절대 잊지 못해 (THANKS, CHOICE)
DON'T FORGET BACK IN THE DAY (BROUGHT TO YOU BY G.D)
네 멋진 목소리로 세상에 소리쳐 SHINE A LIGHT

13

청춘,
세상아 내 청춘을 돌려다오

청춘은 푸르고 푸른 봄철이다.
어른들이 그렇게 말하고, 사전에도 그렇게 나오고, 내가 그렇게 꿈꿔 왔다.
세상은 청춘을 청춘답게 지켜 줘야 한다.
다 지나서 그리워지는 청춘뿐만 아니라, 청소년에게 기다려지는 청춘이 되도록 말이다.

나는 '청춘'이 의심스럽다. 난 조금 있으면 청춘이 시작될 청소년이다. 이팔청춘이라고도 말하지만 요즘 세상에는 조금 기다려서 이십대를 진짜 청춘이라고 여긴다. 청춘을 그리워하는 이들에게 나보다 부러운 사람은 없을 텐데, 그런데, 나는 청춘이 많이 의심스럽다.

오늘날 사회에서 청춘은 실패가 아름다운, 실패를 거듭해도 기회가 충분한 존재가 아니다. 기약 없는 취준생(취업준비생)을 과연 청춘이라고 할 수 있을지 의문이다. 지금 청춘은 전혀 아름답지 못하다. 청춘을 앞두고 있는 청소년은 곧 마주할 세상이 아주 많이 의심스럽다. 지금 사회는 청춘을 향한 나의 로망을 혼란스럽게 하고 있다.

교복은 벗고, 정장은 입기 전인 '대학'은 청춘의 유일한 희망이다. 나도 정말 대학을 가고 싶다. 대학에 가서 나를 이끌어 줄 스승도 만나고 싶고, 헤어지면 골치 아프다는 CC도 해보고 싶다. 게다가 요즘 대학들은 다들 21세기형 대학을 만들어야 한다며 힘쓰고 있다고 하니, 새로운 시대에 맞는 공부를 많이 할 수 있을 것 같다. 주입식이 아닌 스스로 생각하고, 토론하고, 결론을 도출해 내는 21세기형 교육 방식은 훌륭하다. 하지만 함정이 있다. 아무도 초중고 교육을 21세기형으로 만들 생각이 없다는 것이다. 12년 동안 주입식 교육을 받은 학생들에게 '자, 이제 대학생이 되었으니 창의적인 토론을 해보아요!' 하는 것만큼 무식하고 폭력적인 요구도 없다.

나는 '1만 시간의 법칙'을 노력하면 성공한다는 이야기로만 듣지는 않는다. 하루에 6시간만 따져도 학생들은 최소 12년, 1만 시간이 넘도록 주입식 교육에 길들여지는 것이다. 또한 하루에 6시간만 교육받고 공부하는 학생은 별로 없다. 수면부족을 호소하는 학생들이 널렸다. 시간을 따지는 것도 사실 무의미하다. 학생들이 대학에 가서도 모든 공부를 암기력으로 해결하려고 드는 것은 당연하다. 슬픈 '1만 시간의 법칙'이다.
초중고 교육을 내팽개친 대학의 변화는 표피적이다. 초중고 교육이 변화하지 않는 한, 대학은 진짜 21세기형이 될 수 없다. 요즘 대학들은 21세기형 대학을 만들겠다고 떠벌리지만, 겉핥기일 뿐이다. 겉핥기식 21세기형 대학은 결국 취업률을 높이기 위한 눈속임일 뿐이다. 학문을 위한 것도 아니고, 청춘을 위한 것도 아니다.

'그대 가지 말아요 그럴꺼면 차라리 나를 밟고 가세요' 지드래곤의 〈어쩌란 말이냐?〉는 경쾌한 리듬과 상반된 가사를 품고 있다. 이별을 받아들일 수 없는 남자가 나더러 어쩌란 말이냐고, 차라리 날 밟고 지나가라며 운다. 나에게는 이 노래가 청춘의 울부짖음으로 들린다. 청춘들은 '아프니까 청춘'이라는 말 한 마디만 남기고 등 돌린 세상에게 차라리 날 밟고 지나가라며 운다. 공부하기도 힘들고 먹고 살기도 힘든, 효도는커녕 '나' 하나 건사하기도 힘든 이 땅의 청춘들은 노력 타령에 맛들린 세상에게 소리친다. "나더러 어쩌라고!"

금지곡이 많았던 시절에는 사랑 노래들도 많이 금지되었다. 독립, 민주화, 노동 관련한 특정 인물, 상황을 연상시킨다는 이유였다. 〈어쩌란 말이냐?〉는 금지곡도 아니고, 지드래곤에게는 청춘의 울부짖음을 연상시키려는 의도가 없었을 가능성이 높다.

예술은 해석하기 나름이다. 대중은 작품의 마지막 붓질, 마지막 소절, 마지막 문장을 맡는다. 지드래곤이 의도하지 않았더라도 나는 그의 노래에서 '청춘'을 읽는다. 음악을 들으며 세상을 읽는다. 노래로 세상을 읽게 해주는 지드래곤이 고맙다. 지드래곤은 〈어쩌란 말이냐?〉를 사랑 노래로 불렀고, 나에게는 청춘의 울부짖음으로 들렸다. 어쩌면 이 글을 읽는 독자들도 〈어쩌란 말이냐?〉를 다시 들으면, 이 경쾌한 리듬의 노래가 청춘의 울부짖음으로 들릴지도 모른다. 사회 탓하지 말라고 꾸짖는 사람들에게는 〈어쩌란 말이냐?〉가 금지곡 대상이 될지도 모른다.

어른들에게 요즘 것들은 열정도 없고 예의도 없어 보일지 몰라도, 요즘 것들은 푸르지 못한 자신의 청춘을 슬퍼하며 울부짖는 것일 뿐이다. 청춘의 울부짖음은 투정이 아니다. 노력 부족으로 이루지 못한 일을 사회에게 떠넘기며 합리화하는 무책임함이 아니다. 내가 말하면 믿지 않을 듯해서 옛 지식인을 어쩌면 이 글을 읽는 독자들도 <어쩌란 말이냐?>를 다시 들으면, 이 경쾌한 리듬의 노래가 청춘의 울부짖음으로 들릴지도 모른다. 사회 탓하지 말라고 꾸짖는 사람들에게는 <어쩌란 말이냐?>가 금지곡 대상이 될지도 모른다.

모셔왔다.

손님이 묻기를 "성균관은 천하의 모범이 되는 최고의 교육기관인데, 선비의 행실이 날로 교활해져 학문은 모르고 모두 부귀영화만을 사모하니, 이것을 어떤 방법으로 구제할 수 있겠는가?" 하였다.

주인이 이렇게 답하였다.

이것은 학생들의 잘못이 아니다. 나라에서 이끌고 지도하는 방법이 바르지 않기 때문이다. 지금 인재를 뽑는 방법은 오직 문예(文藝, 글을 짓는 기술)에만 치중하고 덕(德)을 귀하게 여기지 않는다. 때문에 아무리 하늘이 감동하는 학식과 세상이 존경하는 행실이 있다 해도 과거시험에 합격하지 않으면 그 도(道)를 조금도 실행할 길이 없다. 그리고 성균관에서도 점수를 매겨 선비를 모으기 때문에, 선비들의 일상은 모두 이익을 구하는 것에 지나지 않게 되었다. 이끌고 지도하는 것이 이와 같으니, 선비의 행실이 어찌 바로잡힐 수 있겠는가?

-이이 《율곡전서》 '동호문답 - 논교인지술(論敎人之術)'

속이 다 시원하지 않은가? 항아리가 깨져 있으면, 물을 아무리 쏟아 부어도 채워지지 않는다. 항아리를 바꾸든가 구멍을 메꾸든가 둘 중 하나는 해놓고 물을 길어 오라고 해야지, 교육제도와 사회구조가 잘못되어 있으면 청춘들이 백날 노력해도 소용이 없다.

'논교인지술(論敎人之術)'은 이이가 인재를 기르는 방법에 대해 쓴 글이다. 조선 중기의 학자인 이이는 학생이 이익만 얻으려고 하는 것은 나라 탓이라고 했다. 점수를 매기니까 점수에 목매고, 도덕을 중요하게 여기지 않으니까 도덕을 버린다고 말한다. 타고난 재능과 개성을 인정해주지 않으니 획일화된 기준에 맞춘 공부만을 고집한다고 꼬집었다. 우리나라 지폐에 나올 만큼 당대에도 현대에도 인정받는 인물의 말씀이다. 자신의 찌질함과 못남을 합리화하기 위한 투정으로 치부할 수 없다.

학교에서 모든 아이들은 복제품이 되어 간다. 그렇게 자라난 아이들은 겉핥기식으로 창의성을 강조하는 대학, 기업형으로 변하다 못해 취업학원이 된 대학에서 어른이 된다. 청춘들은 취업을 위해 살게 된다. 청춘(靑春)이 푸른 봄철답지 못하게 된다. 아직 얼굴에 주름 하나 없는 청춘들이 '청춘을 돌려다오' 노래를 부르게 된 것은 개인이 아니라 사회의 문제다.

청춘은 푸르고 푸른 봄철이다. 어른들이 그렇게 말하고, 사전에도 그렇게 나오고, 내가 그렇게 꿈꿔 왔다. 세상은 청춘을 청춘답게 지켜 줘야 한다. 다 지나서 그리워지는 청춘뿐만 아니라, 청소년에게 기다려지는 청춘이 되도록 말이다. 봄은 새싹에게 빨리 나오라며 윽박지르는 대신 볕을 쬐이고, 물도 준다. 세상은 청춘에게 더 노력하라며 윽박지르는 대신 따뜻하게 품어주고, 기회도 줘야 한다. 세상은 청춘이 얼마나 슬피 울부짖고 있는지, 청춘을 향한 로망이 얼마나 처참히 무너지고 있는지 알아야 한다.

지드래곤은 JTBC 뉴스룸에 출연해서 "지금 모습도 그렇지만, 어떻게 보면 한국 정서에는 돌연변이 같다고 해야 할까? 많은 제 나이 또래 친구들이나 좀 더 어린 세대들이 저를 보면서 일탈을 꿈꾸기도 하고 대리만족을 느끼기도 하고. 그런 것들이 저의 매력 중 하나인 것 같다."고 말했다. 지드래곤은 음악으로 청춘을 불살랐다. 청춘을 제대로 즐기는 사람이다. 청춘을 즐기려면 지드래곤처럼 되어야 한다는 말이 아니다. 모든 사람이 음악을 직업으로 해야 하는 것도 아니고, 모든 사람이 연예인을 할 수도 없는 노릇이다. 하지만 나는 죽은 듯이 살다가 가끔 지드래곤의 노래로 심폐소생술을 받는 인생은 싫다. 삭혀왔던 감정, 낮추기만 했던 목소리, 묵혀뒀던 열정을 가끔 지드래곤이 컴백했을 때만 몰아서 쏟아내고 싶지 않다. 금세 재미도 없고 생기도 없는 일상으로 돌아가서 또다시 지드래곤의 컴백을 기다리는 인생은 싫다.

지드래곤을 돌연변이, 일탈의 상징, 대리만족의 상대로만 바라보고 싶지 않다. 나와는 다른 방식으로 청춘을 즐기는, 나의 푸르고 푸른 청춘에 OST를 선물하는 아티스트로 바라보고 싶다. 나는 평범하게 살면서도 지드래곤만큼 아름답게 청춘을 불사르고 싶다. 세상의 모든 청춘들이 평범하게 살면서도 지드래곤만큼 아름답게 청춘을 불살랐으면 좋겠다.

지드래곤의 〈어쩌란 말이냐?〉는 '그래도 부디 행복하세요'라며 행복을 빌어주고 끝이 난다. 노랫말은 전체적으로 연인을 원망하는 내용이지만, 마지막 인사를 건네며 행복을 빌어주고 끝이 난다. 너와 내가 사랑했으니 너도 나도 행복하기를 바란다는 듯, 마지막 사랑을 담아서 마지막 인사를 건넨다. 이별을 받아들일 수 없다며 울부짖던 남자는 여자에게 행복을 빌어준다.

옛 지식인들은 잘못된 제도를 신랄하게 비판하면서도 희망을 버리지 않았다. 이이는 인재를 기르는 방법이 잘못되었음을 지적하고, 제대로 인재를 길러낼 수 있는 방법을 고민했다. 오늘날 청춘이 얼마나 절망적인지 확인한 후에는, 희망을 품어야 한다. 항아리가 깨졌다고 망연자실해서 주저앉아서는 안 된다. 깨진 항아리를 수습하고, 다시 물을 채워 넣어야 한다.

이이는 잘못된 제도를 바로잡아 세상을 바로잡고자 했다. "이런 썩어빠진 세상 같으니! 헬조선에서 빨랑 뜨자!"고 말하는 젊은이들을 나무라지 않았다. 어떻게 하면 세상을 바로잡을 수 있을지 고민했다. 그 고민은 나라를 위한 인재를 기르려는 생각에서 시작되었겠지만, 청춘을 청춘답게 지켜 주고 싶은 마음도 있지 않았을까.

나는 청춘을 푸른 봄철답게 지켜 주는 세상에서 살고 싶다. 푸르고 푸른 청춘으로 살면서, 푸르고 푸른 청춘들과 함께하고 싶다. 평범하게 살면서도 지드래곤만큼 아름답게 청춘을 불사르는 청춘들이 많아진다면, 그보다 즐겁고 행복한 세상은 없을 것이다. 그보다 아름다운 세상은 없을 것이다. 나는 푸르고 푸른 봄철을 있는 그대로 만끽하는 청춘이고 싶다.

그때는 〈어쩌란 말이냐?〉가 청춘의 울부짖음이 아닌, 사랑 노래로 들렸으면 좋겠다.

BGM

〈 어쩌란 말이냐? 〉

아 머리야~~ 나 물 좀~~ 으 속쓰려~~ 거기 누구 없어요?
*****
*****

내가 좋아하던 그녀 이제 떠나갑니다 저 혼자 두고 다른 사람 만나렵니까?
아 불쌍하다 불쌍해 외로운 남자야 날 좀 위로해주오
어쩌란 말이냐 어쩌란 말이냐 어쩌란 말이냐 아 어쩌란 말이냐
(TE- TE- TELL ME NOW)

HEY HEY HEY 그대 가지 말아요 그럴꺼면 차라리 나를 밟고 가세요
도대체 왜 왜 정말 잘해줬는데 이럴꺼면 진작 말하지 나쁜 것아

이러면 돼요 안돼요 안돼요

야야야야야야야 길 가던 꼬마녀석 나를 비웃습니다
손가락질해가며 놀려 흉을 봅니다
꿀밤한대 쥐어박고 돌아선 그 순간 그녀가 다 봤나봐 (참으로 못났다..)
어쩌란 말이냐 어쩌란 말이냐 어쩌란 말이냐 나더러 어쩌란 말이냐
(TE- TE- TELL ME NOW)

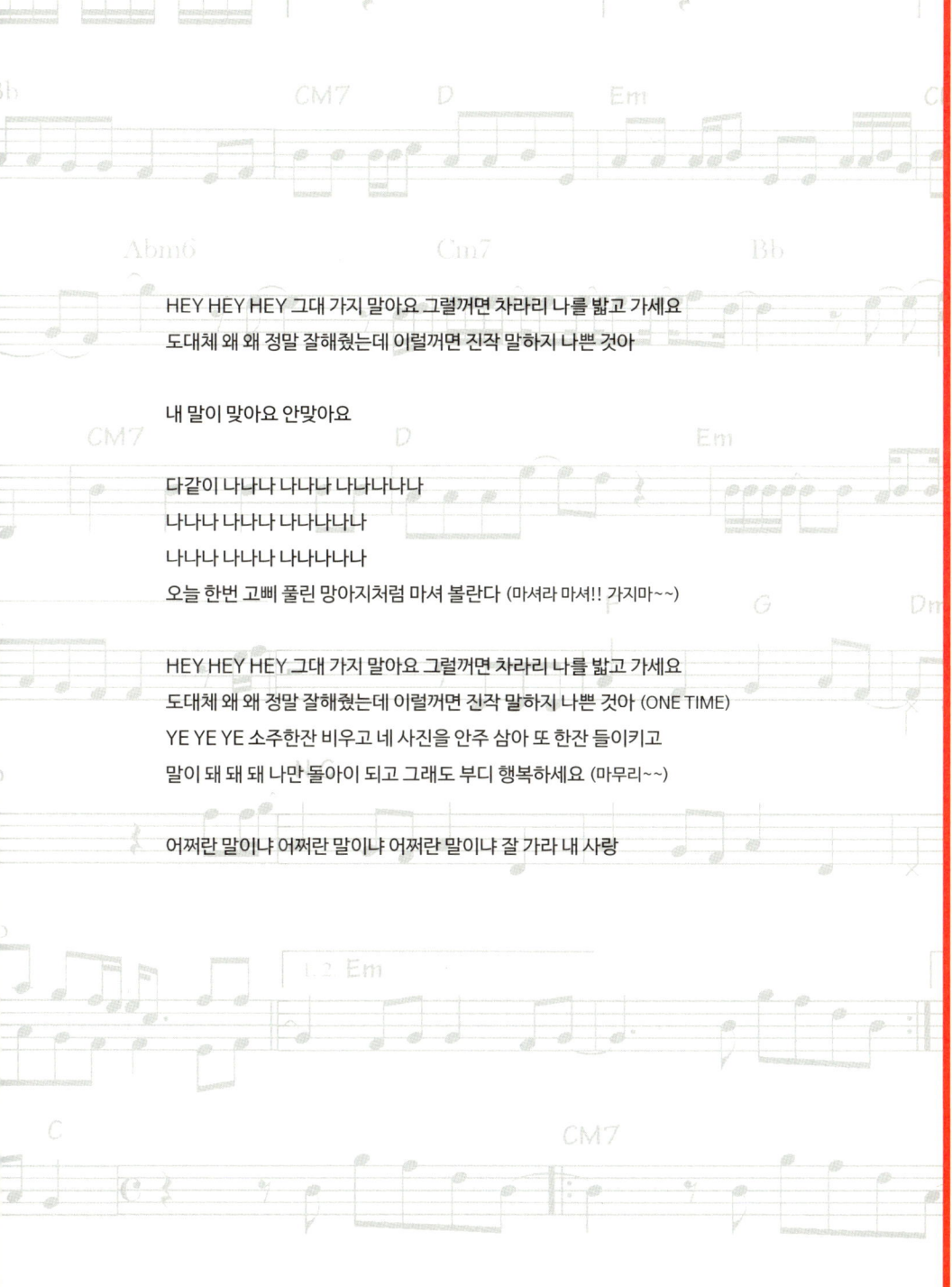

14

다름,
두려워 말아요 해치지 않아요

"이건 지금까지 먹었던 딸기와 차원이 틀려!" 이러지 좀 말았으면 좋겠다.
틀리긴 뭐가 틀려.
다른 것과 틀린 것을 구별하지 못하는 것은 받침이나 발음이 헷갈려서가 아니다.
슬프게도 요즘 세상은 다른 것을 틀린 것으로 본다.

나는 학교를 다니지 않는다. 아직 앞날이 창창한 열일곱이니 학력은 얼마든지 바뀔 수 있지만 현재의 나는 초졸이다. 그리고 예상컨대, 이 글을 읽는 독자들은 동공지진이 일어났을 것이다. 프로필과 머리말에 이어서 세 번째로 나를 소개하는 것이지만, 고졸도 아닌 초졸은 워낙 희귀해서 아직 면역이 생기지 않았을 것 같다. 두려워 말아요, 해치지 않아요.

나는 '10년 프로젝트(2012~2021)'를 진행하고 있다. 학교를 다니지 않으니 홈스쿨링이라고 할 수도 있겠지만, 선행학습을 하지도 않고 검정고시를 준비하지도 않는다. 바뀔 수도 있지만, 지금으로선 초졸 학력으로 계속 살아갈 듯하다. 남들과 조금 다른 나의 길을 설명하기 위해서는 오해부터 풀어야 한다. 학교를 다니지 않는다고 말하면 대부분의 사람들은 나의 고민이나 노력을 궁금해 하지 않기 때문이다. 보통 내가 못생겼는지, 엄마가 극성이라 대학을 빨리 보내려고 하는 것인지, 혹시 아빠가 사이비교주인지 궁금해 한다.

나는 학교에서 문제아가 아니었다. 나를 좋아하던 사람이 있었으니 나를 싫어하던 사람도 있었겠지만, 그것까지 내가 어찌할 수는 없는 노릇이다. 성적도 나쁘지 않았고, 회장을 맡기도 했고, 돈을 뺏은 적도 뺏긴 적도 없고, 주먹다짐으로 문제가 된 적도 없다.

나는 가출청소년이 아니다. 태어나서 집을 나가야겠다는 생각을 아직은(?) 한 번도 해본 적이 없다. 나중에 내 집을 내 방을 내 작업실을 어떻게 꾸밀지 상상하는 것도 가출이라면, 나는 가출중독자다.

나는 못생기지 않았다. 김태희는 아니지만 콤플렉스로 가득한 외모도 아니다. 화장실 거울을 들여다보며 스스로의 미모에 감탄하다가, 외출해서 낯선 거울에 비친 내 모습은 왜 화장실 거울에 비친 모습과 다른지 원망하는 평범함을 가졌다.

나의 부모님은 나를 학대하지 않는다. 밧줄로 의자에 꽁꽁 묶고는 글을 토해내라고 다그쳐서 억지로 이 글을 쓰는 것이 아니다. 배우고 싶어서 해보고 싶어서 글을 쓰는 것이다. 짜증을 내며 글을 삭제하고 몇 번이나 머리를 쥐어뜯는 것은 나의 성장통일 뿐, 부모님의 학대로 받은 스트레스 탓이 아니다.

나는 그냥 열일곱 소녀다. 정말 그뿐이다. 내가 학교를 다니지 않는 이유는 신문, 방송, 인터넷 등 다양한 매체에서 매일같이 주요기사로 다루고 있다. 주입식 교육으로 발전하지 못하는 창의성, 과도한 경쟁으로 서로 밟고 밟혀야 하는 친구관계, 눈 뜨자마자 학교로 가서 햇볕 한 번 쬐지 못하고 저녁 늦게까지 공부하는 살인적 스케줄, 학업 스트레스로 자살하는 학생, 가족과 대화할 시간이 없는 일상, 대학을 나와도 취업이 안 되는 현실, 어린 아이들이 공무원과 연예인만을 꿈꾸는 기이한 현상.

나는 내가 이상해서 학교로부터 도망친 것이 아니다. 학교가 이상해서, 더 있다가는 탈이 날 것 같아서 학교를 버렸다. 학교가 잘못 굴러가고 있다는 것은 나만의 생각이 아니다. 내가 특이해 보이고 내가 달라 보이는 것은 '그렇다고 진짜 안 가기 때문이다.

아름다운 세상의 재밌는 학교를 다니는 것이 최고다. 나에게 '10년 프로젝트'는 최고가 아닌 최선이다. 나의 프로젝트를 진리라고 여기지 않는다. 학교가 잘못 되었다는 생각은 여전하지만, 사람마다 최선을 다하는 방법이 다르다는 것을 안다. 나만 잘났다고 콧대를 높이며 학교에 있는 사람들을 무시하지 않는다. 진심이다.

학교에 다니면서 행복한 일상을 살아갈 수도 있다. 좋은 학교도 있으리라고 믿는다. 잘나가는 학교 직장 배우자 2세까지, 일반적으로 말하는 '성공한 인생'을 노력으로 일궈 낸 어른들은 대단해 보인다. 그들을 비하하거나 비꼴 생각이 없다. 또한 모든 학생이 학교를 버릴 수 있는 환경도 아니라는 것을 안다. 환경이 걸릴 수도 있지만, 지지해 주는 사람이 없을 수도 있다. '다른 것'을 '틀린 것'으로 보는 시선이 얼마나 아프고 견디기 힘든지 안다.

다른 것은 틀린 것이 아니다. 다른 맞춤법은 나도 헷갈려서 잔소리를 못하겠는데, 제발 "이건 지금까지 먹었던 딸기와 차원이 틀려!" 이러지 좀 말았으면 좋겠다. 틀리긴 뭐가 틀려.

다른 것과 틀린 것을 구별하지 못하는 것은 받침이나 발음이 헷갈려서가 아니다. 슬프게도 요즘 세상은 다른 것을 틀린 것으로 본다. '똘레랑스'라는 개념이 《나는 빠리의 택시운전사》로 유명해졌지만, 우리는 여전히 '다름'을 인정하지 않는 사회에서 살고 있다. 입시와 취업만을 위해 달리는 요즘 세상에서 개성은 꼴값일 뿐이다. 어렸을 적부터 개성과 다양성을 존중받지 못하면 '다른 것'이 곧 '틀린 것'이라는 인식을 갖게 된다. 청소년기에 바로잡지 않으면 잘 고쳐지지도 않는다.

빌어먹을.

요즘 세상은 단결과 협동을 명분으로 개성과 다양성을 짓누른다. 엄청난 착각을 하는 셈인데, 협동은 목적을 함께 하는 일이지 수단을 함께 하는 일이 아니다. 청소를 하려면 각자 먼지를 털고 창문을 닦고 청소기를 돌려야지, 죄다 창문에 붙어 있으면 청소를 할 수 있을까. 개성과 다양성은 따로 놀자는 말이 아니라, 일종의 분업이다. 어떤 사람은 사회의 어두운 뒷면을 들춰 내고, 어떤 사람은 미래를 설계하고, 어떤 사람은 눈물을 중요시하고, 어떤 사람은 웃음을 중요시하는 일종의 분업이다. 원래 단결과 협동은 죄다 똑같은 생각을 가지고 똑같은 행동을 하자는 것이 아니라, 함께 아름다운 세상을 만들자는 것이 아닐까.

"**근거는 없고요, 자신감은 있습니다.**" 지드래곤이 한 말이다. 이렇게까지 잘난 척을 대놓고 하는 연예인이라니, 온몸이 타투로 가득한 가수라니, 무대에 드러눕는 것이 안무라니, 삐딱스런(?) 이미지도 사랑받는 아이돌이라니! 지드래곤은 다르다. 평범하지 않다. 뭔가 다른 끼가 있고, 뭔가 다른 느낌적인 느낌이 있다. 연예인으로 살아가면서 일반인과 조금 다른 삶을 사는 탓도 있고, 원래 특이한 사람 같기도 하다. 동료 가수들과 배우들이 팬심을 고백하는 '연예인의 연예인'이라고도 불린다. 간지러운 별명이지만 팬으로서 기분은 좋다.

"**한국에서는 모가 난 상태로는 살 수 없다. 어느 정도의 적정선을 지키면서 살아야 한다. 저절로 다듬어질 수밖에 없었다. 어릴 때는 혈기 왕성하니까 하고 싶은 대로 다 했다면, 솔직히 앞으로의 내 모습이 걱정된다.**" 지드래곤은 적정선을 지키며 산다고 말했다. 저절로 다듬어질 수밖에 없었던 것 또한 자신의 모습이다. 세상이 마음에 들지 않아도 하늘을 날아다니며 살 수는 없다. 두 다리를 땅에 딛고 살아야 한다.

지드래곤이 저절로 다듬어질 수밖에 없었다는 사실을 너무 슬퍼하지 않았으면 좋겠다. 다듬어질 수밖에 없는 상황에 굴하지 않고 자신만의 음악을 계속 한다면, 그 무엇도 지드래곤의 본질까지 해치지는 못할 것이다.

지드래곤이 계속 끼를 발산하고, 뭔가 다른 느낌적인 느낌으로 노래했으면 좋겠다. 스치듯 지나가는 한 조각의 상상까지도 모두 무대에 올려놓는 솔직함을 유지했으면 좋겠다. 대놓고 용감하게 일탈과 반항을 일삼는 지드래곤은 위로가 되고 위안이 되며 응원이 된다.

슬프게도 세상은 '다른 것'을 '틀린 것'으로 본다. 슬프게도 나 혼자 세상을 이길 수는 없다. 다른 것을 틀리다고 손가락질하는 세상에서 남들과 조금 다르게 살려면, 빽이 필요하다.

나에게 지드래곤은 심리적인 빽이다. 자신의 폼나는 모습부터 찌질한 모습까지, 기쁨부터 좌절까지 노래하는 지드래곤에게 공감하고 힘을 얻는다. 나보다 더 공개적으로 반항을 일삼는 사람이 있고, 비판과 비난을 구별하지 못하는 사람들이 퍼붓는 욕을 들어도 스스로 선택한 길을 잘 가고 있다는 사실,

슬프게도 세상은 '다른 것'을 '틀린 것'으로 본다.
슬프게도 나 혼자 세상을 이길 수는 없다.

다른 것을 틀리다고 손가락질하는 세상에서
남들과 조금 다르게 살려면,
빽이 필요하다.

나에게 지드래곤은 심리적인 빽이다.
자신의 폼나는 모습부터 찌질한 모습까지, 기쁨부터 좌절까지 노래하는 지드래곤에게 공감하고 힘을 얻는다. 나보다 더 공개적으로 반항을 일삼는 사람이 있고, 비판과 비난을 구별하지 못하는 사람들이 퍼붓는 욕을 들어도 스스로 선택한 길을 잘 가고 있다는 사실, 이것만으로도 큰 힘이 된다.

이것만으로도 큰 힘이 된다.

내가 옛 지식인들의 글을 읽는 것도 빽을 만들기 위해서다. 내가 애송이라서 철없어서 뭣도 몰라서 하는 소리를 이분들도 하고 계시던데? …… 할 말 없게 만들기 위한 것이다. 또한 스스로 확신하지 못한 부분이나 여전히 모르겠는 것들을 배우기 위한 것이다. 나를 가르쳐 주고 세상의 손가락질로부터 나를 지켜 줄 사람을 만나는 일이다.

어려서 다른 교육을 받아 본 적 있는 사람이 그 기질이 맑고 똑똑한 경우에는 쉽게 가르침으로 들어갈 수 있다. 이는 문제를 만날 때마다 근거가 있고 경험이 있어서, 예전에 고민하며 연구하던 방법을 응용해 도(道)를 자연스럽게 따를 수 있기 때문이다.

어려서 다른 교육을 받아 본 적 없는 사람이 그 기질이 맑고 똑똑한 경우에는 곧장 도(道)로 직행하려고 한다. 구부러지고 얽힌 생각들로 시간을 허비하지 않고서 평탄한 길을 얻게 된다. 그러나 이렇게 되면 비록 성취는 즉각적이겠지만, 오히려 선악(善惡)을 모두 온전히 밝히는 데는 모자람이 생기게 된다.

-최한기 《인정》 '어려서 다른 가르침을 익힌 경우(무습타교無習他敎)'

최한기가 '다른 가르침'에 대해 쓴 글이다. 조선 후기의 학자인 최한기는 어려서 다른 가르침을 받아 본 사람과 다른 가르침을 받아 본 적 없는 사람을 비교했다. '다른 가르침'이 무엇인지 글에서 자세히 설명하고 있지는 않다. 교과서가 아닌 책, 학교에서 가르치지 않는 공부, 어른들이 애들은 몰라도 된다고 말하는 세상을 구경하는 것 정도로 이해하면 될 듯하다.

최한기는 다른 가르침을 받아 본 적 없는 사람은 구부러지고 얽힌 생각들로 시간을 허비하지 않고, 평탄하게 살아간다고 말한다. 그러므로 비록 성취는 즉각적이겠지만, 선과 악을 둘 다 밝히는 데는 부족함이 있다고 말한다.

학교의 주입식 교육에는 정해진 답이 있다. 스스로 생각하고 다른 사람과 토론하며 새로운 결론을 도출해 내는 방식이 아니다. 이런 교육체계를 가진 학교는 학생에게 '다른 가르침'을 주지 못한다. '다른 가르침'을 받아 본 적 없는 학생은 답을 빨리 얻을 수는 있겠지만, 선과 악을 모두 온전히 밝히는 데는 부족함이 있다. 그 답이 왜 나왔는지 풀이할 줄 모르고, 응용할 줄 모른다. 조건이 조금만 달라져도 답을 구하지 못하니, 교실에서 반 발자국만 나가도 쓸모 없어지는 것들만 배우는 꼴이다.

결국 모든 사람은 다르다. 지문도 다르고 성격도 다르고 외모도 다르고, 그래서 길도 다르다. 나는 그렇게 생각한다. 나는 '다른 가르침'을 받아 본 사람으로 살고 싶다. 길치로 살고 싶다. 공부를 할 때마다 샛길로 빠져서 얽히고설킨 사색으로 시간을 보내고, 이리저리 쏘다니며 놀다보니 새로운 길이 발견되는, 그런 공부를 하고 싶다. 공부를 넓게 깊게 한 사람, 부딪히는 곳마다 예전에 남겨 둔 고민의 흔적이 있는 사람이고 싶다. 정해진 답을 외우는 대신 느리더라도 나의 답을 찾고 싶다. 한참을 길치로 살다가 어느 순간 나의 길이 보이면 천천히 그 길을 걷고 싶다.

다른 것은 틀린 것이 아니다.

지드래곤은 '사람들은 말해 나 같은 남자를 조심하라고'

'What you know about me 네가 날 아냐고'
〈GOOD BOY〉를 노래한다.

두려워하지 말라고, 해치지 않는다고 말이다.

〈 GOOD BOY 〉

Put your hands in the air
How y'all feeling out there
We gon' party over here
모두 같이 sing it let me hear you say
La la la la la la la la la La la la la la la la la
La la la la la la la la la La la la la la la la la

I am a good boy
I am a good good
Ay Hey Lady Ay Hey Baby Ay Everybody I am a good boy

어딜 가나 줄을 서 여자들은 날 보면 눈에 불을 켜
낮에는 lil hamster But 밤에 사랑을 나눌 땐 Gangster
다정 다감한 눈빛 자연스러운 skin ship 넌 움찔 흠칫 할걸
네가 뭘 원하는지 말 안 해도 돼 굳이 눈치로 다 알아

Eh Eh Eh 보기와는 다르게 I don't play play play 널 갖고 장난 안 해
사람들은 말해 나 같은 남자를 조심하라고 너무 믿지 마라 보나 마나 뻔하다고
What you know about me 네가 날 아냐고

I am a good boy
I am a good good
I am a good boy

Everyday Fresh 한 옷 차림에 반전되는 심한 낯가림
다만 살짝 짓는 눈웃음에 주위 사람들 얼어 죽음
But I don't really care And I don't need that
난 너만 있으면 돼 내게 기대
이게 게임이라면 Yes I'm a player
And you could be my coach(Love affair)

Eh Eh Eh 보기와는 다르게 I don't play play play 널 갖고 장난 안 해
사람들은 말해 나 같은 남자를 조심하라고 너무 믿지 마라 보나 마나 뻔하다고
What you know about me 네가 날 아냐고

I am a good boy
I am a good good
I am a good boy

Hey 나와 같이 춤을 춰 밤새워 동화 같은 꿈을 꿔
Hey 난 백마 탄 왕자 너는 구두를 잃어버린 어여쁜 낭자
Baby where u at 내 손을 잡아 위험하니까
Where u at 널 하늘로 데려가 줄 테니까

Put your hands in the air
How y'all feeling out there
We gon' party over here
모두 같이 sing it let me hear you say
La la la la la la la la La la la la la la la la
La la la la la la la la La la la la la la la la

I am a good boy
I am a good good
I am a good boy

15

꿈,
직업이 꿈이냐?

꿈은 무엇이 되고자 하는 것이 아니라, 어떻게 살고자 하는 것이다.
어떻게 살 것인가를 생각하고, 어떻게 살고 싶은지 상상하는 것을 '꿈'이라고 한다.
꿈은 견뎌야 할 고난도 아니고, 넘겨야 할 고비도 아니다.
꿈을 이뤘다 이루지 못했다 따질 수 없다.

직업은 꿈이 아니다. 대통령은 꿈이 아니다. 주로 어른들이 아이들 대신 꿈꾸는 의사나 변호사, 요즘 대세라는 IT분야 직업도 마찬가지다. 패션 디자이너, 건축가, 가수, 시나리오 작가, 공무원 등등 모든 직업은 꿈이 아니다.

자꾸 "넌 꿈이 뭐니?"라고 묻는데, 사실 이 질문은 진짜 꿈을 묻는 것이 아니다. 이제 조금씩 말을 하기 시작한 어린 아이부터 곧 어른이 될 청소년까지를 대상으로 한 "넌 꿈이 뭐니?"는 어떤 직업을 가지고 싶은지 묻는 것에 가깝다. 그래서 대답도 직업에 한정되어 있다. 과학자요, 외교관이요, 아나운서요, 기타 등등. 아직 원하는 직업이 명확하지 않은 아이에게는 고문이 따로 없다. 다른 것도 아니고, '꿈'이 없다고 대답하기는 좀 그렇잖나.

직업은 꿈이 아니다. 잠깐만 생각해 봐도 알 수 있다. 직업이 꿈이라면, 원하는 직업을 가진 후에는 어떻게 산다는 걸까? 직업이 꿈이라면 직업을 가지는 순간 스스로에게 바라는 것이 없어진다. 인생을 살아갈 의욕도 사라진다. 바라는 것이 없으니까. 더 이상 바랄 게 없을 정도로 행복한 것이 아니라, 꿈이 없으니까. 그 인생 참 재미없겠다.

  꿈은 무엇이 되고자 하는 것이 아니라, 어떻게 살고자 하는 것이다. 어떻게 살 것인가를 생각하고, 어떻게 살고 싶은지 상상하는 것을 '꿈'이라고 한다. 꿈은 견뎌야 할 고난도 아니고, 넘겨야 할 고비도 아니다. 꿈을 이뤘다 이루지 못했다 따질 수 없다. 나는 절대 끝나지 않는 것이 '꿈'이라고 생각한다. '꿈'은 이뤄 버리고 끝내 버릴 수 없다고 생각한다. 꿈은 일상으로 조금씩 이루어 가며 살아내야 하는 것 아닐까. 끝없이 죽을 때까지 말이다.

  '대통령'이 '꿈'인 사람은 절대 대통령을 해서는 안 된다. 그 사람은 당선이 확정되자마자 모든 의욕을 잃을 사람이다. 꿈꾸는 나라도 없고 열정도 없는 사람이 대통령을 하면 그 나라는 망하지 않는 것이 용하다. 나라를 좀 더 아름답게 만들고,

국민들을 좀 더 행복하게 살게 해주고 싶은 사람이 대통령을 해야 한다. 여기서 '꿈'은 '나라를 아름답게 만드는 사람이고 싶다'는 마음이다. 그러나 이 꿈은 장차 나라의 대통령이 되실 떡잎만 품을 수 있는 꿈이 아니다. 모두가 대통령이 될 수도 없고 되어서도 안 되지만, 모두가 나라를 아름답게 할 수는 있기 때문이다.

'의사'가 '꿈'인 사람은 절대 의사를 해서는 안 된다. 그 사람은 의사가 되자마자 모든 의욕을 잃을 사람이다. 환자가 징글징글할 뿐이라면, 의사는 하루하루 지옥생활을 할 것이고 환자는 목숨을 위협받게 될 것이다. 사람을 살리고 싶고, 조금이라도 덜 아프게 해주고 싶은 사람이 의사를 해야 한다. 여기서 '꿈'은 '사람을 살리는 사람이고 싶다'는 마음이다. 그러나 이 꿈은 세계에서 손꼽히는 의사가 되실 떡잎만 품을 수 있는 꿈이 아니다. 모두가 의사가 될 수도 없고 되어서도 안 되지만, 모두가 사람을 살리는 사람으로 살 수는 있기 때문이다.

아름다운 세상은 대통령 혼자서 만들지 못한다. '나라를 아름답게 만드는 사람이고 싶다'면 그냥 그런 사람으로 살면 된다. 사람이 모이면 사회가 되고, 사회는 나라가 되고, 더 나아가면 세상이 된다. 내가 아름다운 사람으로 살면 세상이 아름다워진다. 아름다움의 기준은 다양하겠지만, 나는 그 중에 하나가 자신의 말을 하는 사람이라고 생각한다. 자신의 목소리를 내며 사는 방법 중에는 투표도 있다. 그래서 투표하지 않는 사람은 틀림없이 나쁜 인간이다. 내가 사는 나라를, 혹은 나의 아이가 사는 나라를 아름답게 만들 생각이 없는 거니까.

의사만 사람을 살리는 것은 아니다. '사람을 살리는 사람이고 싶다'면 그냥 그런 사람으로 살면 된다. 기부를 하면 굶어죽을 위기에 처한 사람을 구할 수 있고, 봉사를 하면 몸이 아프거나 마음이 아파서 힘겨워하는 사람을 도울 수 있다. 그래서 기부하지 않고 봉사하지 않는 사람은 틀림없이 나쁜 인간이다. 사람으로 살면서 사람을 살리지 않는 인생을 사는 거니까.

꿈은 간절하다. 간절하다면, 그냥 하면 된다. 그냥 그렇게 살면 된다. '그냥 그런'은 보통 좋지도 싫지도 않은 모호하고 미지근한 상태를 표현하지만, 다른 각도에서도 생각해 볼 수 있다. '그냥 그런 사람'은 말하는 대로 사는 사람, 생각한 대로 사는 사람이다. 꿈꾸는 모습이 있다면 그냥 그런 사람으로, 꿈꾸던 모습으로 사는 사람이다. 나라를 아름답게 만들고 싶다면 나라를 아름답게 만드는 사람으로, 사람을 살리는 사람이고 싶다면 사람을 살리는 사람으로 사는 사람이다. 그냥 그런 사람만큼 멋지기도 쉽지 않다.

가수를 뽑는 오디션에 매번 수십 수백만 명의 사람들이 참가한다. 그들의 꿈은 무엇일까? 그 많은 사람들이 정말 노래하면서 살고 싶은 사람들일까? 그토록 많은 사람들이 음악으로 숨쉬기를 희망하는데, 세상은 왜 음악으로 가득해서 아름다운 세상으로 변하지 않는 것일까? 대체 얼마나 더 많은 사람들이 음악을 해야 아름다운 세상이 되는 걸까?

가장 큰 문제는 오디션에 참가하는 많은 사람들이 '가수'를 '꿈'으로 여긴다는 점이다. '노래하며 사는 사람이고 싶다'는 마음이 아니다. 가수, 연기자, 연예인, 유명인…… 아니, 그게 무엇이든 결국 부자가 되는 것이 그들의 꿈이다. 이런 왜곡된 꿈을 품은 사람들은 가수가 되지 못하면 음악을 그만둔다. '음악'이 아닌 '가수'가 간절했던 탓이다. 금세 일상에서 음악이 사라진다. 언제 그렇게 간절했었냐는 듯, 뭐가 그렇게 간절했었냐는 듯, 연기처럼 날아간다.

가수가 아니면 어떤가. 노래하며 살고 싶으면 노래하며 살면 된다. 노래로 하루를 시작하고 하루를 마무리하는 인생을 살면 된다. 일상에 음악이 흐르는 아름다운 인생을 살면 된다. 가수인지 탤런트인지 개인기 자판기인지 정체가 불분명한 존재보다 훨씬 아름다운 사람으로 살 수 있다.

오디션 프로그램이 유행하지 않았을 때도 가수는 많았다. 그 많던 가수들은 다 어디로 갔을까? 진짜 꿈을 꾸었던 사람이라면, 노래하며 살아가고 있을 것이다. 인기가 떨어져서 방송에 나오지는 못하더라도, 피치 못할 사정으로 직업을 바꾸었더라도, '노래하며 사는 사람이고 싶다'는 꿈을 지켜 내며 살아 내고 있을 것이다. 나는 그렇게 믿는다.

직업은 꿈을 살아내기 위해 필요한 것일 뿐이다. 아주 중요하지만, 결국 도구일 뿐이다. 직업보다 꿈이 먼저다. 꿈을 가지는 것이 먼저다. 나는 '꿈' 없는 '직업'을 문제 삼는 것이다. 청소년 입장에서 말하자면 '꿈'을 찾기도 전에 '직업'을 가지라고 재촉하지 말라는 뜻이다. 나는 꿈을 살기 위해서 직업을 바꿀 수는 있지만, 직업을 가지기 위해서 꿈을 버릴 수는 없다고 생각한다. 나는 꿈 없는 가수가 될 바에야 차라리 가수로 살지 못하더라도 '노래하며 살고 싶다'는 꿈을 지키고 살아내는 사람이고 싶다. 직업은 꿈이 아니다.

꿈에는 합격통지서 따위 존재하지 않는다. 직업을 꿈으로 여기는 사람들은 이걸 모른다. 직업을 가져야만, 지위를 얻어야만, 자격을 갖춰야만 한다고 생각한다. 언젠가는 꿈을 이루리라, 굳게 다짐한다. 하지만 꿈은 한 번 이뤄 놓고 그 후에는 누리며 사는 것이 아니다. 꿈은 이뤄 버리고, 끝내 버리는 일이 아니다. 일상으로 조금씩 이루어 가며 살아내는 것이 진짜 '꿈'이다.

꿈을 이뤄 버린, 끝내 버린 사람들을 우리는 매일매일 목격한다. 가짜 꿈으로 치장하고 우아한 척했지만, 꿈을 이뤄 버리고 끝내 버리면서 가면이 벗겨진 그 맨얼굴을 우리는 매일매일 목격한다. 더 가지려는 돈에 대한 집착, 더 누리려는 권력에 대한 아부, 더 느끼려는 쾌락에 대한 욕망, 온갖 갑질들. 이것이 꿈을 이뤄 버린 사람들에게 남은 전부다. 내가 보기엔 그런데, 아닌가?

　오해하지 말았으면 좋겠다. 돈과 권력을 가진 사람들이 모두 다 그렇다는 것도 아니고, 돈과 권력이 애초부터 썩어빠졌다는 것도 아니다. 단지 요즘 세상을 구경하다보면, 어른들 하시는 말씀을 들어보면, 세상이 너무 이상하게 돌아가는 듯해서 하게 된 생각이다. '직업'이 '어떻게 살고자 하는가'에 중요한 요소라는 것을 부정하는 것도 아니다. 다만 원하는 직업을 갖지 못하고 돈과 권력과 유명세를 얻지 못하면 그런 사람은 볼 것도 없이 실패한 인생이라고 낙인찍힌다면, 너무 슬퍼서 그건 아닌 듯해서 하는 말이다.

　오해하지 말았으면 좋겠다. 나도 안다. 취업이 안 돼서 전전긍긍하는 사람에게 꿈 타령만큼 한가한 소리도 없다는 것을 안다. 생존을 위한 직업도 쉽게 구하지 못하는 세상임을 안다. 나는 그들을 모른 척하려는 것이 아니다. 돈, 권력, 유명세를 얻지 못하면 실패한 인생으로 낙인찍히는 현실을 슬퍼하는 것이다. 꿈을 잘 살아낼 수 있도록 축복해 달라고 기도하는 대신, 합격자 명단에 오르게 해달라고 기도해야 하는 현실이 슬프다는 것이다.

그래도 나는 꿈을 꾸어야 한다고 믿는다. 꿈을 지키고, 이루어 가고, 살아내야 한다고 생각한다. 꿈이 없는 인생은 재미도 없고 의미도 없으니까. 살아갈 이유도 의욕도 사라지니까. 세상 물정 모르는 치기어린 아이의 현실감각 떨어지는 대책 없는 발언이라 해도 별 수 없다. 치기어리게 들리더라도 계속해서 말해야 한다고 생각한다.

꿈은, 아주 소중한 거라고 말이다. 역사에 남는 사람, 훌륭한 사람, 교과서에 나오지는 않아도 사람들의 마음 속에 살아 있는 사람, 기억되고 있지는 않아도 사람답게 살았던 사람은 모두 '꿈'이 있었다고 말이다. 진짜 꿈 말이다.

직업은 중요하다. 하지만 그 자체로 꿈이 될 수는 없다. 직업은 중요하지만, 꿈이 더 소중하다. 바보같이 꿈의 소중함을 잊어버리면 그 소중한 꿈을 잃어버린다. 잊으면, 잃는다.

꿈이 없는 인생은 재미도 없고 의미도 없다. 꿈이 없으면 행복의 기준도 없다. 그 빈틈으로 돈이 비집고 들어와 자리를 차지한다. 돈이 행복의 기준이 되고, 심지어 꿈이 된다. 아파트

평수를 늘려가고 더 비싼 자동차로 갈아치워 가는 것이 인생의 전부가 된다.

　꿈은 무엇이 되고자 하는 것이 아니라, 어떻게 살고자 하는 것이다. 꿈이 있다면, 그냥 그렇게 살면 된다. 누구도 나의 꿈을 평가할 수 없다. 이뤘다 이루지 못했다 따질 수 없다. 꿈은 내가 꾸는 것이다. 꿈은 돈 꿔 주듯이 꿔 줄 수 있는 것이 아니다. 빌려 줄 수 있는 것도 아니고, 대신해 줄 수 있는 것도 아니다. 그래서 '돈'은 '꿈'이 될 수 없다.

　진로(進路)는 앞으로 나아갈 길이다. 인생은 죽을 때까지 끝나지 않는 길이다. 그 길은 멋대로 깃발을 꽂고 다왔다며 우길 수 없다. 직업을 가져도 인생은 끝나지 않는다. 꿈은 무엇이 되고자 하는 것이 아니라, 어떻게 살고자 하는 것이다. 어떤 길로 걸어갈 것인지, 어떤 사람들과 함께 걸어갈 것인지 꿈꾸는 것이다.

　안타깝게도, 진로상담은 깃발 꽂기로 변질됐다. 대학은 어디로 가서 깃발을 꽂을 것인지, 회사는 어디로 가서 깃발을 꽂을 것인지 만을 상담한다. 깃발을 꽂아도 길은 끊기지 않는다. 대학에 입학하고 회사에 입사해도 인생은 계속 된다. 상담이랍

시고 학생을 불러다 앉혀놓고, 깃발을 늘어놓고는 하나를 골라잡으라고 한 뒤 어디에 어떤 깃발을 꽂을 것인지 계획해주는 것은 진로상담이 아니다.

가슴에 손을 얹고 생각해보자. 진로상담을 하면서 학생의 꿈을 묻는 경우가 몇이나 될까? 네가 갈 수 있는 대학은 이 정도다, 이것 말고 해주는 이야기가 또 있느냐는 물음이다. 어른들은 스승들은, 아이에게 제자에게 해줄 말이 고작 이것뿐인가? 진짜?

청소년은 꿈꾸는 사람이다. 꿈은 어떻게 살고자 하는지 생각하는 것이다. 꿈꾸는 일은 내가 어떤 사람이면 좋겠는지 상상하는 것으로 시작된다. 어떤 일상을 보내고 싶은지, 어떤 사람들과 함께하고 싶은지, 사회에서 어떤 역할을 맡고 싶은지 상상하며 꿈꾸는 것이다. 어떤 사람은 사회의 어두운 뒷면을 들춰 낼 수도 있고, 또 어떤 사람은 미래를 설계할 수도 있다. 눈물을 중요시할 수도 있고, 웃음을 중요시할 수도 있다. 모든 것은 꿈꾸기 나름이고, 꿈을 살아내기 나름이다. 청소년은 우주 끝까지 뻗쳐 나가는 상상, 내면을 깊숙이 들여다보는 상상으로 하루하루를 보내야 하는 사람이다.

　10년 후, 20년 후에는 수많은 직업들이 사라지고 변화할 것이라는 분석과 연구가 넘쳐난다. 지금 꿈이라는 이름으로 원하는 직업을 묻고, 아이들에게서 흡족한 대답을 얻었다고 해도, 10년 후는 모르는 일이다. 자꾸 "넌 꿈이 뭐니?"라고 물으며 직업을 꿈으로 둔갑시키지 않았으면 좋겠다. 어른들은 관심 어린 눈빛으로 꿈을 묻는 것이라고 생각할지 모르지만, 그건 땅 속 깊숙이 꿈을 묻어 버리는 일이다. 꿈을 묻는 척하면서 꿈을 묻어 버리지 않았으면 한다.

　차라리 솔직하게 말했으면 좋겠다. 돈 많이 벌어라, 권력을 휘두를 수 있는 높은 자리를 가져라, 사람도 사랑도 사고 팔 수 있는 전지전능한 신이 되어 버린 '돈'과 그 돈을 가질 수 있는 도구로 변해 버린 '권력'을 쫓으라는 말은 슬프지만, 솔직하다. 서러운 갑질을 당해온 '을'들의 말이라서 더 슬프지만, 그래도 솔직은 하다. 인정할 수는 없지만 이해할 수는 있을 것 같다. 그만큼 슬픈 세상이니까. 그래도 슬픈 것은 사실이다.

　나는 종교가 없지만 신이 있다면 무척이나 서러울 것이다.

자신이 돈에게 밀린 것도, 사랑이 돈으로 먹칠이 된 것도, 서러워할 만한 일이다.

한참 무한한 상상에 빠져 있어야 할 청소년에게 '빨리빨리'를 강조하며 재촉하지 않았으면 좋겠다. 첫사랑도 경험해보지 못한 어린 시절부터 빨리빨리 직업을 정해야 하고, 경주마처럼 남들보다 빨리 달리기 위해 안간힘을 써야 한다고 강요하지 않았으면 좋겠다. '빨리빨리' 달리느라 세상이 어떻게 돌아가는지, 주변에 어떤 사건 사고가 있었는지, 사람들이 어떻게 사는지 아무것도 모르는 그런 애들이 의사 되고 판검사 되고 국회의원 되고 대통령 하면, 대체 세상은 얼마나 더 망가질까.

어른들은 그렇게 '빨리빨리'해서 얼마나 멋지게 살고 있는지 궁금하다. 꿈을 저버리지 않고, 어릴 적 꿈을 이루어 가며 살아내고 있는지 궁금하다. 만약 하루하루 꿈을 이루어 가며 살아내고 있지 못하다면, 왜 그런지 생각해 봤으면 좋겠다. 어떻게 살고 싶은지를 꿈꾸지 않고, 무엇이 되고 싶은지를 꿈꾼 탓이 아닌가? 어떻게 살고자 하지 않고, 무엇이 되고자 한 탓이 아닌가? 그래서 꿈을 이루지 못했거나, 꿈을 이뤄 버린 사람이 아닌가? 실패한 인생을 사는 사람과 인생을 다 살아버린 사람 둘 중의 하나, 아닌가?

꿈은 너그럽다. 늦지 않았다. 어딘가 좀 이상한 꿈을 꾸었고, 그래서 불행했다면, 다시 꿈꾸면 된다. 그리고 조금씩 꿈을 이루어 가며 살아내면 된다. 애들 괴롭힐 시간에 자신의 꿈을 살면, 모두가 행복할 것이다. 꼰대짓할 시간에 자신의 꿈을 살면, 세상이 평화로울 것이다.

올해 나는 쉰두 살이다. 재주와 힘이 날마다 줄어들고 공부도 나날이 게을러진다. 하지만 조용히 지낼 때마다 곰곰이 생각해 보면 그래도 이따금씩 갑작스레 기이한 생각이나 묘한 깨달음을 만나곤 하는데, 이것은 말로는 표현할 수가 없고 글로도 쓸 수가 없다. 지난해까지는 미처 깨닫지 못한 것인데 올해 비로소 깨달은 것이 있고, 어제까지는 미치지 못했던 것인데 오늘 비로소 능숙하게 된 것도 있다.

나는 고루하고 아둔하며 앞뒤가 꽉 막힌 사람이다. 하지만 나는 세상의 총명하고 민첩하며 아는 것이 많은 사람이 자신의 지식은 완전하여 다시 더할 것이 없다고 말하는 것을 도무지 믿을 수 없다. 거백옥은 예순 살이 되어서도 나날이 변했다고 한다. 어찌 예순 전의 일이 모두 좋지 않은 것이었 겠는가. 부족한 부분을 더하고 보탠 것일 뿐이다. 만약 그를 1,800살까지 살게 했더라도 그쳐서 더 나아감이 없는 날이 없었을 것이다. 스스로 다 안다고 떠드는 저들은 아마도 그 뜻을 하나도 모르거나 반도 이해하지 못한 자일 것이다.

-홍길주 《수여난필속》

조선 후기의 학자인 홍길주가 쓴 글이다. 홍길주는 자신이 쉰두 살이지만 여전히 배우고 깨닫는다고 말한다. 지난해까지는 미처 깨닫지 못한 것인데 올해 비로소 깨달은 것도 있고, 어제까지는 미치지 못했던 것인데 오늘 비로소 능숙하게 된 것도 있다고 설명한다. 홍길주는 사람이 1,800살까지 산다고 해도 나아감이 그치는 날은 없을 것이라고 했다. 홍길주는 스스로 다 안다고 떠드는 사람들을 한심하게 여겼다.

홍길주의 꿈은 무엇이었을까? 홍길주가 꿈꾸는 홍길주는 '학문을 닦는 사람'이었을 것이다. 그는 책을 보면서 꿈을 꾸었고, 학문을 쌓으면서 꿈을 살았다. 학자가 되었으니 이제 할 일을 다 했고, 나의 꿈도 다 '이뤘다'며 손을 떼지 않았다. 책상에 더 가까이 붙어서 책을 펼치고, 공부를 멈추지 않았다. 사람은 1,800살까지 산다고 해도 나아감이 그치는 날은 없을 것이라고 말했다. 1,800살까지 살아도 배울 것이 있다는 말은 1,800살까지 살아도 꿈을 살아야 한다는 뜻이 아닐까. 홍길주는 학자로 살지 못했더라도 책으로 숨쉬며 살았을 것이다. 꿈은 이뤄 버리고 끝내 버리는 것이 아닌, 일상으로 조금씩 이루어 가며 살아내는 것이니 말이다.

지드래곤의 꿈은 무엇일까? 지드래곤이 꿈꾸는 지드래곤은 '음악을 하는 사람'일 것이다. 그는 음악을 들으면서 꿈을 꾸었고, 무대에서 꿈을 살고 있다. 유명한 가수가 되었으니 이제 할 일을 다 했고, 나의 꿈도 다 '이뤘다'며 손을 떼지 않았다. 음악을 더 가까이 하고 즐기며 노래하기를 멈추지 않는다. 지드래곤은 1,800살까지도 끝없이 배워 나가며 음악을 계속 할 사람이다. 그랬으면 좋겠다. 아마도 지드래곤은 가수로 살지 못했더라도 음악으로 숨쉬며 살았을 것이다. 나는 그렇게 믿는다. 지드래곤은 1,800살까지 살아도 꿈꾸며 살아갈 사람이다.

"남들이 보면 배부른 소리라고 할 수 있겠지만, 히트 작곡가라든가 하는 명칭은 나에게 의미가 없다. 지금 앨범의 성과는 다음 앨범이 나오면 연습이 되어 버리기 때문이다. 순위나 인기가 중요한 것이 아니라 내가 원하는 것은 산울림의 노래처럼 몇 십 년이 지나서 들어도 좋은 노래를 지금 만드는 거다. 그래서 그 노래가 빅뱅 다음에 등장할 뛰어난 뮤지션들에게 영감을 주고, 한국 음악에도 기여를 할 수 있으면 좋겠다. 그런 사람이 되는 것이 나의 비전이고 목표다." 지드래곤의 말이다.

 지드래곤은 히트 작곡가라든가 하는 명칭은 자신에게 의미가 없다고, 세월이 흐른 뒤에 들어도 좋은 노래를 만들고 싶다고 말한다. 지드래곤은 어제보다 나은 오늘, 오늘보다 나은 내일을 꿈꾸는 사람이다. 지드래곤은 어제보다 오늘 더 좋은 곡을 쓰고, 오늘보다 내일 더 좋은 곡을 쓰고 싶어하는 아티스트다.

 지드래곤이 꿈꾸는 지드래곤은 '음악을 하는 사람'이다. 노래하고 싶었던 지드래곤은 노래했다. 그리고 계속 노래하며 살고 있다. 일상으로 꿈을 살아내고 있다.

지드래곤의 꿈은 무엇일까?
지드래곤이 꿈꾸는 지드래곤은 '음악을 하는 사람'일 것이다.
그는 음악을 들으면서 꿈을 꾸었고, 무대에서 꿈을 살고 있다.

유명한 가수가 되었으니 이제 할 일을 다 했고, 나의 꿈도 다 '이뤘다'며 손을 떼지 않았다. 음악을 더 가까이 하고 즐기며 노래하기를 멈추지 않는다. 지드래곤은 1,800살까지도 끝없이 배워 나가며 음악을 계속 할 사람이다.

그랬으면 좋겠다.

멋진 사람이 되어, 멋진 사람들을 만나, 멋지게 놀고 싶다. 나의 '꿈'이다.

나는 같이 있으면 겁나 재밌는 친구들, 같이 있는 모습은 겁나 멋있는 친구들과 함께하고 싶다. 나는 내가 열렬히 좋아하는 사람이 있고, 나를 열렬히 좋아해 주는 사람도 있는 그런 사람이고 싶다. 나는 애들은 애들답게 청춘은 청춘답게 어른은 어른답게 사는 세상에서 나도 그렇게 살고 싶다. 나는 다른 것을 틀린 것으로 왜곡시키지 않는 사람이고 싶다. 나는 그게 무엇이든 내가 선택했다면, 미쳐서(狂) 미치고(及) 싶다. 나는 휴식을 취할 줄 아는 사람이고 싶다. 나는 오늘보다 내일이 더 설레는 인생을 살고 싶다. 나는 사랑할 줄 아는 사람이고 싶다. 나는 두려움을 간직한 사람이고 싶다. 나는 읽고 쓰며 말하고 싶다.

나는 자신의 말을 할 줄 아는 사람이고 싶다. 나는 다른 이의 말을 들을 줄 아는 사람이고 싶다. 나는 항상 배우고 싶은 것이 있고, 항상 배울 자세가 되어 있는 사람이고 싶다. 나는 용감하지만 겸손하게 살고 싶다. 나는 웃는 얼굴이 예쁜 사람이고 싶다. 나는 겉모습도 속마음도 잘 가꾸는 사람이고 싶다. 나는 욕심 안 부리고 세상에서 딱 세 번째로 재밌게 살고 싶다.

나는 나라를 아름답게 만드는 사람이고 싶다. 나는 사람을 살리는 사람이고 싶다. 나는 음악으로 일상에 생기를 불어넣는 사람이고 싶다.

나는 그렇게 살고 싶다. 나는 꿈을 살아내는 사람이고 싶다. 써놓고 보니 꿈이 좀 크다. 꿈을 살아내기 위해 어떤 직업을 가져야 하는지는 아직 잘 모르겠다. 나는 지금 무엇이 되려고 하는 것이 아니다. 어떻게 살 것인가를 생각하고 상상하는 중이다. '꿈'이란 무엇이 되고자 하는 것이 아니라, 어떻게 살고자 하는 것이니까.

나는, 꿈꾸고 있을 뿐이다.

지드래곤은 〈KOREAN DREAM〉을 노래한다.
지드래곤은 〈KOREAN DREAM〉을 살아낸다.
나는 이 노래에 부제를 달아주고 싶다.

지드래곤, 일상으로 꿈을 살다.

 〈 KOREAN DREAM 〉

KOREAN DREAM YES WE ARE

AIR AIR IN THE AIR AIR 왜요 왜요 날 좀 내버려 두세요
AIR AIR AIR AIR AIR AIR 어때요 어때요 내 맘대로 할래요

DOUBLE8 0 8 1 8 YO G.D STILL ON BEAT YO
소심한 A형 완벽주의자 THAT'S ME 빅뱅 지휘관
청년들이여 세상은 너의 것 PUT YOUR ***** HANDS UP
이건 막노동보다 더한 고통 뼈있는 조롱 리더들의 소통
1, 2 STEP AND TURN LEFT TO THE RIGHT 바로 섯
LADIES & GENTLEMAN *****들이 뭐라도 해내더라
I'M CAPTAIN G SPARROW EVERYBODY JUST FOLLOW ME NOW

AIR AIR IN THE AIR AIR 왜요 왜요 날 좀 내버려 두세요
AIR AIR AIR AIR AIR AIR 어때요 어때요 내 맘대로 할래요

늬들이 부러워할 유전자 받는 감동의 차이 나를 느껴봐
네 맘을 울리는 내 멜로디
내 나이 열 셋 우린 어렸어 ME AND MA MAN 전부를 걸었어
꿈은 멀기에 KEEP IT ON 계속 달렸어 세상에 판도를 바꿨어
I GOT GOT YOU BOY TELL ME ABOUT IT NO DOUBT YOU KNOW
말로 백 번 설명한 것 보단 한 번 보여주는 게 나은 법

1, 2 STEP AND TURN LEFT TO THE RIGHT 바로 섯
LADIES & GENTLEMAN I SING IT YOU SING IT
HIPHOP AND R&B 아무거나 골라 잡아

AIR AIR IN THE AIR AIR 왜요 왜요 날 좀 내버려 두세요
AIR AIR AIR AIR AIR AIR 어때요 어때요 내 맘대로 할래요

난 작지만 큰 꿈을 꿔 내피로 널 물들여
내 목소린 치명적인 바이러스 넌 야위었어
무대 위에선 내가 주인공 I CAN'T STOP NOW
태양 LIKE A SHINING STAR
G-DRAGON RAISE THE ROOF
LOVE IT OR HATE IT
YOU HATE IT BUT YOU LOVE IT

AIR AIR IN THE AIR AIR 왜요 왜요 날 좀 내버려 두세요
AIR AIR AIR AIR AIR AIR 어때요 어때요 내 맘대로 할래요
AIR AIR IN THE AIR AIR 왜요 왜요 날 좀 내버려 두세요
AIR AIR AIR AIR AIR AIR 어때요 어때요 내 맘대로 할래요

우린 뭔가 다를래요 (어떻게) 남들처럼 안 할래요 (저렇게)
날개 달고 날래요 LIKE AIRPLANE WE ARE THE KOREAN DREAM

16

유행,
저물어 갈 때까지 붉게 타주오

지드래곤은 스스로 즐기는 것을 대중도 즐길 수 있는 한 계속 음악을 할 것이고,
최신 유행의 중심에 있기에 먼 훗날 기억에 남는 옛 가수가 될 것이다.
옛 가수란 원래 그 시대를 휘어잡았던 사람만 기억되는데,
그 시대를 가장 충실히 살아낸 사람만이 시대를 휘어잡을 수 있다.

나는 '가수 이선희'의 팬이다. 이선희가 지닌 〈나 항상 그대를〉의 발랄함, 〈인연〉의 애절함, 〈나는 사랑에 빠졌어요〉의 귀여움, 〈한바탕 웃음으로〉의 호탕함, 〈아름다운 강산〉의 힘을 사랑한다. 〈J에게〉로 데뷔한 후 〈그 중에 그대를 만나〉까지의 30년 넘는 가수 인생을 존경한다. 〈추억의 책장을 넘기며〉와 〈영〉을 흥얼거린다.

지드래곤을 좋아하는 소녀 팬의 이해하기 힘든 양다리다. 이선희는 주로 피아노 선율과 선명한 드럼 위에서 목소리만으로 노래를 이끌어 간다. 코러스와 기타, 옛 노래 특유의 피리 비슷한 소리가 어우러질 뿐이다. 지드래곤도 피아노 선율과 선명한 드럼 위에서 노래를 하지만, 이름 모를 음향효과와 멤버들의 목소리도 함께 한다. 결정적으로 이선희의 노래에는 '사람의 호흡'만 존재한다. 성량과 가창력을 따라잡을 수야 없지만, 혼자서 따라 부를 수 있는 노래다. 그러나 지드래곤의 노래에는 '컴퓨터의 호흡'이 공존한다. 여러 명이 부르는 탓도 있지만, 컴퓨터로 밀고 당길 때만 가능한 엇박을 따라 부를 수는 없다.

나는 기계음으로 범벅이 되어 집 나간 Baby를 열심히 찾다가 끝나는 노래는 딱 질색이다. 최신 노래랍시고 뜬금없이 나쁜 남자를 자처하는 젖살 통통한 아이돌이 당황스럽다. 옛 노래를 좋아하는 사람들이 시끄럽다며 귀를 막을 때, 나도 동참한다. 하지만 내가 좋아하는 빅뱅도 컴퓨터로 녹음하고, 지드래곤도 컴퓨터로 곡을 쓴다. 똑같이 컴퓨터로 작업했고 '최신식'을 달고 나오는데 다르게 들리는 것은 노래의 흐름이 있기 때문이다.

지드래곤은 사랑을 그리워하는 남자, 이별을 고하는 남자, 썩어빠진 세상에 기름을 들이붓는 남자, 힘내라며 손 내미는 남자의 역할에 충실한 노래와 무대를 그려낸다. 노래에 이야기가 있고 흐름이 물 흐르듯 이어진다. 나는 지드래곤이 집 나간 Baby를 찾다말고 윙크를 날리지 않아서 좋다. 노래의 흐름을 잃지 않기 때문에 몰입할 수 있고, 열광할 수 있다. 그는 기타연주 위에서 가창력을 뽐내지도 않고, 예쁜 얼굴로 간간히 Baby를 외치며 실룩대지도 않는다. 물 흐르듯 이어지는 흐름으로 자신의 이야기를 노래할 뿐이다.

이선희는 반주를 빼면 목소리의 미세한 떨림까지 느낄 수 있어서 행복한 가수다. 철저히 목소리를 주인공으로 한 영화이기 때문에, 대사만 모아서 읽어도 감동의 물결이 일렁인다. 목소리 하나면 충분하다. 지드래곤은 이선희와 정반대인 가수다. 지드래곤의 노래는 반주를 빼면 곡의 흐름을 읽기도 어렵고 박자를 타기도 힘들다. 철저히 종합예술을 지향하는 영화이기 때문에, 대사만 모아서 읽으면 딱 영화 줄거리만 알 수 있다. 지드래곤의 영화는 대사, 조연, 세트, 특수효과, OST가 합쳐졌을 때 비로소 감동의 물결이 일렁인다.

어느 영화표를 끊을 것인지는 취향에 따른 선택이지만, 양쪽 모두 관객들의 가슴에 감동의 물결을 일렁이게 할 준비가 되었다는 것은 확실하다.

이서구는 16세다. 나를 따라 배운지 몇 년 지났는데, 마음과 머리가 일찍 깨이고 지혜와 학식이 보석처럼 빛난다.

어느 날 자신이 지은 《녹천관집》의 원고를 가지고 와서 지드래곤은 이선희와 정반대인 가수다.

지드래곤의 노래는 반주를 빼면
곡의 흐름을 읽기도 어렵고 박자를 타기도 힘들다.

철저히 종합예술을 지향하는 영화이기 때문에,
대사만 모아서 읽으면 딱 영화 줄거리만 알 수 있다.
지드래곤의 영화는 대사, 조연, 세트, 특수효과, OST가 합쳐졌을 때
비로소 감동의 물결이 일렁인다.

나에게 진솔하게 말하길 "슬픕니다. 저는 글을 지은 지 겨우 몇 해지만, 사람들을 화나게 한 적이 많습니다. 글에서 한 마디라도 새롭거나 한 글자라도 특이한 것이 보이면, 그때마다 사람들은 '옛 글에 이런 것이 있느냐?' 하고 묻습니다. 아니라고 답하면 '어찌 감히 옛 글에 없는 글을 지었느냐'고 불같이 화를 냅니다. 아! 옛 글에 있다면 어찌 제가 다시 쓰겠습니까? 선생님께서 무엇이 옳은지 알려 주십시오." 하였다.

내가 이서구의 말을 듣고, 두 손을 모아 이마에 대고 무릎을 꿇어 세 번 절한 다음 말하길 "그 말이 진실로 옳다. 끊어진 학문을 일으킬만한 말이다. 중국의 창힐이 문자를 만들 때 어찌 옛 것을 모방했겠느냐. 또 공자의 제자인 안연이 배우기를 좋아했지만 남겨 놓은 저서는 없다. 옛 것을 좋아하는 사람이 창힐이 글자를 만들던 때를 생각하고, 안연이 충분히 표현하지 못한 깊은 뜻을 저술한다면 글은 비로소 올바르게 될 것이다.

너는 아직 나이가 어리니, 만나는 사람들이 화를 내면 공손하게 '아직 널리 배우지 못해 옛 글을 모두 살펴보지 못했습니다.' 하고 사과하여라. 그래도 계속 화를 풀지 않고 꼬

트리를 잡아 물으면, 조심스럽게 '《서경》과 《시경》은 먼 옛날에 유행하던 글일 뿐이고, 이사와 왕희지의 글씨 또한 옛날에 유행하던 속된 글씨일 뿐입니다.' 하고 답하여라." 하였다.

-박지원 《연암집》 '녹천관집 서문(綠天館集序)'

박지원이 제자 이서구의 책에 서문을 써준 것이다. 조선 후기의 학자인 박지원은 제자에게 무조건 옛 것만을 좇지 말라고 한다. 제자가 쓴 책에서 조금이라도 새롭거나 특이한 것이 나오면 '옛 글에도 없는 글을 지었느냐'며 화를 내는 사람들에게 '옛 글 또한 그때 유행하던 글이었을 뿐이다'라고 답해주라는 조언도 남겼다.

박지원의 제자 이서구와 지드래곤은 자신만이 할 수 있는 말을 하고 싶은 사람들이다. 누군가 대신할 수 있다면, 누군가 벌써 해놓았다면 급격히 흥미를 잃어간다. 독보적인 것을 원한다고 해서 이서구와 지드래곤을 거만하다며 비난할 수는 없다. 흥미를 잃는 것도 옛 글과 옛 노래를 잘 알아야 가능한 일이다. 또한 다른 사람이 벌써 했다는 것을 알기 위해서는 끊임없이 남을 살펴야 한다. 훌륭한 것을 보면 박수치고, 영 아닌 것 같으면 모른 체할 줄 알아야 한다.

　흥미를 잃으려면 남을 인정할 줄 알아야 한다는 것을 모르는 사람들은 거만하다며 욕을 한다. 이서구와 지드래곤은 새롭고 특이하다는 이유로 비웃음을 샀다. 이서구는 옛 글에 없는 글을 써서 욕을 먹었고, 지드래곤은 옛 노래 같지 않은 음악을 만들어서 욕을 먹었다. 기타 대신 컴퓨터를 쓰고, 피아노로 시작해도 컴퓨터로 마무리한다는 이유로 손가락질 당했다.

　빅뱅의 신곡이 나오면 MR제거를 해보라며 비웃고 세상 말세라며 혀를 차는 사람들은 알아야 한다. 유행은 항상 있었다. 가수 이선희가 1984년에 데뷔하면서 가요계를 휩쓸었고, 그때부터 지금까지 대적할 상대가 없다는 것은 다 아는 이야기다. 그러나 이선희도 유행에 충실한 가수였다. 그 당시에는 대부분 목소리 하나로 노래를 불렀고, 피아노 선율과 옛 노래 특유의 피리 비슷한 소리로 노래의 흐름을 표현했다. 이선희는 유행에 충실하면서도 여태껏 보지 못한 노래를 들려줬고, 세월을 쌓으며 살아있는 전설이 되었다.

이선희처럼 노래하지 않는다고 지드래곤이 욕먹을 이유는 전혀 없다. 모든 가수가 마이크를 손에 쥐고 기타반주에 몸을 맡긴 채 시원한 고음을 질러야 하는 것은 아니다. 내가 지드래곤을 좋아하고 빅뱅을 좋아하는 것은 유행을 이끌기 때문이다. 장르를 명확히 할 수 없을 정도로 개성 가득한 모습이 좋기 때문이다. 지드래곤은 유행에 충실하다. 컴퓨터를 활용해서 음악을 만들고, 기계음을 활용할 줄 안다. 만약 유행에 충실한 것으로 끝났다면 빅뱅도 Baby를 찾다말고 윙크를 해댔을 것이다. 지드래곤은 힙합을 바탕으로 여태껏 보지 못한 노래를 들려줬고, 시간이 쌓이면서 노련미를 더하기 시작했다.

언젠가는 지드래곤도 옛 가수가 되겠지만, 한참 활동하고 있는 지금 잊혀져 가는 것을 걱정할 필요는 없다. 지드래곤은 스스로 즐기는 것을 대중도 즐길 수 있는 한 계속 음악을 할 것이고, 최신 유행의 중심에 있기에 먼 훗날 기억에 남는 옛 가수가 될 것이다. 옛 가수란 원래 그 시대를 휘어잡았던 사람만 기억되는데, 그 시대를 가장 충실히 살아낸 사람만이 시대를 휘어잡을 수 있다.

지드래곤은 "산울림 선배들을 좋아한다. 특히 〈회상〉이란 곡을 좋아해서 이런 느낌의 노래를 한 번은 빅뱅으로 꼭 써보고 싶었다. 개인적으로 슬플 때는 무덤덤해진다. 사랑때문에 공허하고 허무해지는 것을 느낄 때 오히려 차가우면서도 담담해지는데 이를 담고 싶었다."라고 〈IF YOU〉를 소개했다. 지드래곤은 스스로 유행을 이끌고 있다는 것을 안다. 그리고 옛 노래를 즐길 줄 안다. 빅뱅의 색깔과 지드래곤의 취향이 확고해야만 옛 노래를 즐길 수 있다는 것도 안다.

나도 알고 있다. 요즘 유행하는 노래를 20년 쯤 후에 들어보면 얼마나 세월을 실감하게 될지 말이다. 지금 빅뱅의 데뷔 초 영상을 봐도 어린 티가 묻어나는데, 나중에는 얼마나 더 웃음을 꾹꾹 참아야 할지 말이다. 내가 좋아하는 지드래곤도 언젠가 옛날 가수가 될 것이다. 그리고 예상컨대, 20년 쯤 후에 터뜨릴 웃음은 자료화면으로 나온 빅뱅의 무대가 왠지 모르게 촌스러워서가 아니라, 지드래곤에게 열광하며 글을 썼던 지금의 내가 쑥스러워진 탓일 것이다.

나의 예상은 나름 철저한 관찰과 분석을 바탕으로 한다. 왕년에 연예계를 주름잡았던 연예인들이 오랜만에 방송에 나오면 어른들은 세월을 실감하는 표정이다. 그리고 나의 부모님을 비롯한 어른들은 옛날 연예인으로 시작된 이야기를 당신의 청춘을 추억하는 것으로 마무리한다. 딱 내가 입대했을 때 데뷔했다거나, 학업스트레스로 미칠 지경에 이르렀을 때 알게 되었다거나 하는 이야기보따리를 풀어낸다. 화룡점정은 얼마나 치기어린 시절이었는지 회상하며 귀가 빨개지는 모습이다.

옛 노래, 옛 영화는 향수를 불러일으키기도 하지만, 성숙하지 못했던 나의 청춘을 다시 마주해야 하는 참을 수 없는 쑥스러움을 일으키기도 한다. 하지만 그 쑥스러움은 꼭 필요하다. 내가 보기에 멋진 어른, 그 어른의 어른이 보신다면 엉덩이를 토닥이며 기특해하실 만큼 잘 큰 어른에게도 쑥스러운 시절은 꼭 있었다. 쑥스러운 시절은 성장의 좋은 밑거름이 된다.

지드래곤을 계속 보고 싶다. 나중엔 쑥스러울지 몰라도 지금은 기분이 좋다. 미친 듯이 열광하며 쑥스러움을 쌓아갈 수 있도록, 그래서 점점 성장하고 성숙해질 수 있도록, 지드래곤이 계속 노래했으면 좋겠다. 먼 훗날 내가 세월을 실감하는 어른이 되었을 때, 열렬히 좋아했던 가수로 지드래곤을 추억하고 싶다. 지금 이 시절을 대표하는 가수로 지드래곤을 기억하고 싶다. 지금처럼 최신 유행의 중심에서 계속 놀아 주었으면 한다. 지금 지드래곤은 환한 대낮에 있다. 먼 훗날, 이문세의 노래를 리메이크한 〈붉은 노을〉처럼 저물어 가는 순간에도 붉게 타올랐으면 한다.

BGM 〈붉은 노을〉

let's go yes'll we're back again with 이문세
fresh collaboration 2008 It's bigbang

그댄 아시나요 있잖아요 지금 그대가 너무 그리워요
고개 숙여 눈물 훔쳐요 당신의 이름을 불러요
꼭 이렇게 날 남겨두고 떠나가야만 했는지

너만 생각하면 머리 아퍼 독하디 독한 술 같어
술뿐이겠어 병이지 매일 앓아 누워 몇 번인지
내일이면 또 잠깐 잊었다가 또 모레쯤이면 생각나겠지만
그래도 어떡해 아직 내 사랑 유효한데 돌아올꺼라고 믿는데 난 너만 기다리는데

난 너를 사랑해 이 세상은 너 뿐이야
소리쳐 부르지만 저 대답 없는 노을만 붉게 타는데

혹시 그대가 미안해한다면 내 얼굴 보기 두렵다면
girl 그런 걱정 하덜덜덜 마 너라면 힘이 펄펄펄 나
보고 싶은 그대 얼굴 저 붉은 노을을 닮아 더 슬퍼지는 걸

oh baby baby 다 지나간 시간 우리가 함께한 추억 잊진 말아줘요
눈을 감아 소리 없이 날 불러준다면 언제라도 달려 갈께요
everyday every night i need you

난 너를 사랑해 이 세상은 너 뿐이야
소리쳐 부르지만 저 대답 없는 노을만 붉게 타는데

아름다웠던 그대 모습을 이젠 볼 순 없겠지만
후휜 없어 그저 바라볼 수 있게 붉게 타주오

Ah- Ah- Ah- Ah-
해가 뜨고 해가 지네 노을 빛에 슬퍼지네
달이 뜨고 달이 지네 세월 속에 나 또한 무뎌지네
해가 뜨고 해가 지네 노을 빛에 슬퍼지네
달이 뜨고 달이 지네 그대 기억 또한 무뎌지네

난 너를 사랑해 이 세상은 너 뿐이야
소리쳐 부르지만 저 대답 없는 노을만 붉게 타는데
난 너를 사랑해 이 세상은 너 뿐이야
소리쳐 부르지만 저 대답 없는 노을만 붉게 타는데
Ah- Ah- Ah- Ah-

17

초심,
오늘보다 내일이 더 설레는 마음

지드래곤은 처음 무대에 섰을 때의 설렘을 오랫동안 간직하면 된다.
처음 음악을 시작했을 때의 설렘으로 가득했던 마음을 지키면 된다.
그 설렘이 마르지 않는 한, 누구도 지드래곤의 초심을 꺾기는커녕 의심할 수도 없다.

초심이란 뭘까? 지드래곤은 가요계의 파릇파릇한 새내기가 아니다. 데뷔 초와 비교해도 변함없이 잘생겼지만, 나를 포함한 팬들에게는 여전히 심쿵사(심장이 쿵할 만큼 놀라서 죽는다는 뜻. 심장마비가 아니라, 너무 귀엽거나 너무 예쁘거나 너무 멋지다는 뜻) 주의가 필요하지만, 지드래곤은 신인 가수들이 긴장하며 인사하는 대선배다. 데뷔 연차가 쌓이면서 사람들은 지드래곤의 초심을 가지고 입방아를 찧기 시작했다. 느릿한 말투는 거만하다고 욕하고, 컴백이 늦어지면 돈도 많을 텐데 음악을 안 해도 잘 먹고 잘 살지 않겠냐고 비아냥거린다. 뚫린 입이라고 막 쓴다.

사전적으로 초심(初心)은 처음 먹은 마음이다. 내가 보기에 우리나라 사람들은 지나친 겸손을 초심이라고 왜곡시키는 경향이 있다. 특히 연예인에게 겸손과 비굴함의 경계에 서 있기를 요구할 때가 많다. 뜨고 싶어서 노력했던 간절함을 잊지 말라고 핀잔을 주기 일쑤다. 연예인이 팬들에게 고마움을 표하는 것은 중요한 일이지만, 머리를 조아릴 필요는 전혀 없다. 비굴함은 겸손이 아니고, 그런 겸손은 초심이 아니다.

아닌 것은 알겠는데, 그렇다면 진짜 초심이란 뭘까?

어떤 사람이 나에게 말하길 "노인들은 항상 하는 일 없음을 근심하는데, 아이들을 가르치며 소일하면 좋지 않겠나?"라고 하였다.

그래서 내가 이렇게 대답하였다.

사람들을 만날 때마다 그들은 꼭 '긴 날을 보낼 길이 없어 어쩔 수 없이 낮잠을 잔다.'라고 말한다. 이는 성인께서 말씀하신 '종일토록 배불리 먹고 할 일도 하지 않는다.'는 것과 같다. 사람이 세상을 살아가는 데는 각각 할 일이 있어서 늘 종종거리며 부지런히 힘써도 오히려 부족할까 두려운데, 어찌 이와는 반대로 날과 달을 흘려보낼 것을 근심할 수가 있는가.

새벽에 일어나 밤늦게 잠들며 열심히 공부했다고 스스로 자랑하는 것은 아니지만, 나는 어려서부터 진심으로 독서를 즐겨 잠시라도 그친 적이 없었다. 지금은 쇠약하고 늙어서 편하게 지내자고 생각해도 이미 습관으로 굳어져 하루 아침에 갑자기 그만둘 수 없다. 또 나는 이 일을 버리면 스스로를 위로할 길이 없으니, 소위 '그만두고자 해도 그만둘 수 없다.'는 것과 같다.

그런데 나를 되돌아보면 스스로 고생이 많았지만 끝내 아무것도 이루지 못하였다. 그러나 비록 일없이 낮잠 자는 사람보다 못할지라도, 나는 나에게 배우러 오는 사람과 한가롭게 소일할 시간은 없다.

-윤기 《무명자집》 '소일에 대하여(消日說)'

'소일에 대하여'는 조선 후기의 학자인 윤기가 쓴 글이다. 노인이 되어서도 자신은 해야 할 공부가 많기 때문에 소일거리로 시간을 축낼 수 없다는 이야기다. 윤기는 점잖게 표현했지만, '내 공부도 바빠 죽겠는데, 애들을 언제 가르치니?'라고도 했다. 편히 지내보려고 해도 평생 읽어 온 책을 하루 아침에 손에서 놓을 수는 없었다고 전한다. 인생의 끝자락에 선 노인일지라도 독서를 멈출 수는 없다고 말한다.

만약 학문을 쌓는 일이 지긋지긋하고, 책을 펼치기만 해도 미간이 찌푸려졌다면 불가능했을 일이다. 어린 시절, 실망하실 부모님과 꾸짖으실 스승님을 피할 수 없어서 공부를 시작했다면 호시탐탐 그만둘 기회만을 노렸을 것이다. 시간이 흘러 어른이 되자마자 환호성을 지르며 책을 집어던질 수도 있었을 것이다.

 책을 펼치면 설렐 정도로 마음이 끌려야만 학문에 뜻을 둘 수 있다. 시간이 흘러도 책을 펼치면 설레는 마음의 끌림이 여전해야 학문을 쌓을 수 있다. 윤기가 늙어서도 책을 펼친 것은 설레는 마음이 여전해서 가능했던 일이다. 초심을 지켜서 가능했던 일이다. 옛 지식인들은 처음 책을 펼쳤을 때의 설렘을 노인이 되어서도 간직했다. 모르는 것을 알아가고, 새로운 책으로 새로운 스승을 만나는 설렘 말이다.

 "초심이 별거냐?" 명언은 아니고, 그냥 내 생각이다. 초심은 설레는 마음이다. 뒤늦게 열의로 가득 차서 각오를 외치고, 잔뜩 약이 올라서 울먹이고, 가슴 깊이 다짐해도 초심은 돌아오지 않는다. 정작 중요한 '설렘'은 잊고 야심차질수록, 초심은 한심하다는 눈빛으로 "아이고 인간아~" 한숨을 쉬며 멀어진다.

윤기는 '노인이 되어서도 책을 펼치게 되더라'고 담담하게 말한다. 뺨을 철썩철썩 때리며 억지로 자리에 앉아 책을 들여다본 것이 아니다. 옛 지식인들은 책을 펼치며 설레던 마음을 노인이 되어서도 간직했고, 초심을 지킨 덕분에 평생 학문을 닦을 수 있었다. 몸에 힘을 빼고 다시 설렐 때, 초심은 돌아온다.

나는 초심을 되찾아야 할 사람이 아니다. 초심을 만들어 가야 할 청소년이다. 초심은 내가 어떤 분야를 좋아하는지, 어떤 일을 할 때 가장 설레는지 찾아가면서 만들어진다. 초심을 만드는 과정은 직업에 대한 이야기로 확장된다. 무겁고 어려운 주제로 변하는데, 근데, "초심이 별거냐?"

초심은 설레는 마음이다. 성공해서 집안을 일으키고, 나라를 깜짝 놀래키거나, 세계 평화를 이뤄 내겠다며 대단히 대단한 꿈을 꾸지 않아도 된다. 물론 큰 꿈을 꾸지 말자는 것은 아니다. 억지로 거룩한 꿈을 꾸려다가 거북함으로 고통스러워하지 말자는 것이다. 초심은 설레는 마음이다. 정말 좋아하는 일을 계속 좋아하며 해나가겠다는 것만으로도 초심은 충분히 멋지다.

가수에게 초심은 무대 뒤 스탠바이 상태, 마이크를 잡기 1분 전의 설렘이다. 가수에게 초심을 잃었다는 것은 마이크를 보고 더 이상 설레지 않을 때를 말한다. 베테랑은 설렘에 익숙해진 사람이 아니라, 긴장으로 굳지 않는 덕분에 설렘을 만끽할 수 있는 사람이다. 긴장감을 떨쳐 내리는 것과 설렘을 즐기려는 것이 신인과 베테랑의 차이다. 음악방송에서 1위를 했는데 이젠 울지도 않는다며 욕하는 것은 초심을 잃었다고 지적하는 냉철한 평가가 아니다. 가수가 노래를 멀리하고, 음악을 즐기지 못할 때 초심을 잃었다고 말할 수 있다.

윤기는 노인이 되어서도 해야 할 공부가 많다고 했다. 옛 지식인들은 처음 책을 펼쳤을 때의 설렘을 노인이 되어서도 간직했다. 지드래곤은 처음 무대에 섰을 때의 설렘을 오랫동안 간직하면 된다. 처음 음악을 시작했을 때의 설렘으로 가득했던 마음을 지키면 된다. 그 설렘이 마르지 않는 한, 누구도 지드래곤의 초심을 꺾기는커녕 의심할 수도 없다.

"더 이상 설렘이 없다면 굳이 할 이유가 없어요." 빅뱅의 멤버 탑은 설렘이 없다면 빅뱅도 없을 것이라고 말했다. "하지만 아직은 몹시 재미있어요. 이번에 활동(M.A.D.E. 앨범)을 시작하면서 다시 한 번 느꼈어요. 시간이 갈수록 어떻게 하면 더 멋있는지를 각자 알아가는 것 같고. 지금까지는 그래요. 가능하면 10년, 20년 후에도 그러고 싶고요."라고 태양이 덧붙였다. 빅뱅은 초심을 잃지 않았다. 빅뱅은 설레는 마음이 곧 초심이라는 것을 안다.

  각종 인터뷰를 통해 빅뱅은 초심으로 돌아간 앨범을 낸다고 홍보했다. 2015년 빅뱅의 M.A.D.E. 시리즈 앨범은 매달 미니앨범이 나왔던 2006년 빅뱅의 데뷔 형식을 재현한다. 매달 'M' 'A' 'D' 'E' 하나씩 2곡을 담은 앨범을 내고 최종 'M.A.D.E.' 앨범이 나오는 식이다. 데뷔를 향한 간절함과 무대를 향한 열망을 잊지 않는 것은 굉장히 중요하다. 지드래곤은 지금 서 있는 무대를 얼마나 원했었는지 기억하고 있을 것이다. 빅뱅이 초심으로 돌아간 M.A.D.E. 앨범을 응원하며 박수를 보낸다.

  근데, 내가 M.A.D.E. 앨범에 열광하는 이유는 따로 있다. 악에 받친 음악이 아닌, 기가 막히게 다듬어진 음악으로 찾아왔기 때문이다. 오랜만에 나오는 앨범이니만큼 야심참으로 가득할 수도 있었을 텐데, 여유가 넘친다. 지드래곤은 초심으로 돌아가야 한다며 이를 갈지 않았다. 온몸에 잔뜩 힘을 주고, 어금니를 꽉 물고 무대에 서는 오류를 범하지 않았다. 지드래곤은 처음 음악을 시작했을 때 설렜던 마음, 초심으로 돌아갔다.

지금 서 있는 무대를 얼마나 원했었는지 기억하는 것은 초심을 지키는 일이다. 하지만 가장 중요한 '설렘'을 잊은 채 야심참으로 무장해서는 안 된다. 초심을 되찾는다는 명목 아래 열의로 가득 차서 각오를 외치고 잔뜩 약이 올라서 울먹이면, 무겁고 어려워진다. 감정은 건조해지고 여유는 사라진다. 마이크를 봐도 설레는 대신 부담감을 느끼게 된다. 음악이 더 이상 즐겁지 않고 숙제로 느껴지는 그 순간, 초심을 잃은 것이다.

설레는 마음은 "이거 죽인다!"로 시작된다. 초심은 그다지 깔끔하고 우아한 과정을 겪으며 탄생한다고 볼 수 없다. 환상적이라고, 판타스틱하다고 느끼는 순간 가슴이 뛴다. 아마도 지드래곤은 음악을 "이거 죽인다!"로 시작했을 것이다. 듣는 것을 좋아하다가 부르는 것도 좋아하고, 그러다가 만드는 것도 좋아하게 되었을 것이다. 앨범은 스스로 만든 노래를 듣고 "이거 죽인다!" 하는 반응이 나왔을 때 발표했을 것이다.

음악가는 음악에 설레는 사람이고, 설레는 음악을 만드는 사람이다. "이거 죽인다!"로 음악을 시작해서 끊임없이 '죽여주는' 앨범을 내는 사람이다. 지드래곤은 음악을 하는 사람이다. 〈거짓말〉로 가요계의 대폭발을 일으켰을 때부터 초심으로 돌아간 M.A.D.E. 앨범까지 계속 음악을 하는 사람이었다. 〈거짓말〉부터 M.A.D.E. 앨범까지 빅뱅은 계속 죽여줬다. 지드래곤은 초심을 잃지 않았다. 음악 앞에서 설레는 마음도, 〈FANTASTIC BABY〉인 것도 여전하다.

지드래곤은 오늘보다 내일이 더 설레는 마음으로 노래한다. 앞으로도 그랬으면 좋겠다. 끊임없이 죽여주는 앨범으로 돌아오면 좋겠다. 기쁜 마음으로 언제까지라도 그의 판타스틱한 무대를 기다릴 것이다. 나는 팬으로서 지드래곤을 향한 '팬심'을 지켜 갈 테니, 지드래곤은 아티스트로서 음악을 향한 '초심'을 지켜 갔으면 한다.

오늘보다 내일이 더 설레는 G-DRAGON, 지디, G-드래곤. 나는 그런 지드래곤이 좋다.

〈 FANTASTIC BABY 〉

여기 붙어라 모두 모여라 WE GON' PARTY LIKE 리리리라라라
맘을 열어라 머릴 비워라 불을 지펴라 리리리라라라

정답은 묻지 말고 그대로 받아들여 느낌대로 가 ALRIGHT
하늘을 마주하고 두 손을 다 위로 저 위로 날뛰고 싶어 OH
나나나나나 나나나나나 "WOW FANTASTIC BABY"
DANCE I WANNA DAN DAN DAN DAN DANCE FANTASTIC BABY
DANCE I WANNA DAN DAN DAN DAN DANCE WOW FANTASTIC BABY

이 난장판에 HEY 끝판 왕 차례 HEY 땅을 흔들고 3분으론 불충분한 RACE WAIT
분위기는 과열 HUH CATCH ME ON FIRE HUH 진짜가 나타났다 나나나나
하나부터 열까지 모든 게 다 한 수위 모래 벌판 위를 미친 듯이 뛰어봐도 거뜬한 우리
하늘은 충분히 너무나 푸르니까 아무것도 묻지 말란 말이야 느끼란 말이야 내가 누군지

네 심장소리에 맞게 뛰기 시작해 막이 끝날때까지 YE
I CAN'T BABY DON'T STOP THIS 오늘은 타락해 (미쳐 발악해) 가는거야
WOW FANTASTIC BABY
DANCE I WANNA DAN DAN DAN DAN DANCE FANTASTIC BABY
DANCE I WANNA DAN DAN DAN DAN DANCE WOW FANTASTIC BABY
BOOMSHAKALAKA BOOMSHAKALAKA BOOMSHAKALAKA
DAN DAN DAN DAN DANCE
BOOMSHAKALAKA BOOMSHAKALAKA BOOMSHAKALAKA
DAN DAN DAN DAN DANCE

날 따라 잡아볼 테면 와봐 난 영원한 딴따라
오늘 밤 금기란 내겐 없어 mama just let me be your lover
이 혼란 속을 넘어 나나나나나

머리끝부터 발끝까지 비쥬얼은 쇼크 내 감각은 소문난 꾼 앞서가는 촉
남들보다는 빠른 걸음 차원이 다른 젊음 얼음얼음얼음 HOLD UP 나나나나나

네 심장소리에 맞게 뛰기 시작해 막이 끝날때까지 YE
I CAN'T BABY DON'T STOP THIS 오늘은 타락해 (미쳐 발악해) 가는거야
WOW FANTASTIC BABY
DANCE I WANNA DAN DAN DAN DAN DANCE FANTASTIC BABY
DANCE I WANNA DAN DAN DAN DAN DANCE WOW FANTASTIC BABY
BOOMSHAKALAKA BOOMSHAKALAKA BOOMSHAKALAKA
DAN DAN DAN DAN DANCE
BOOMSHAKALAKA BOOMSHAKALAKA BOOMSHAKALAKA
DAN DAN DAN DAN DANCE

다 같이 놀자 YE YE YE 다 같이 뛰자 YE YE YE
다 같이 돌자 YE YE YE 다 같이 가자
"WOW FANTASTIC BABY"